ビデオリサーチが提案するマーケティング新論Ⅱ

新シニア市場攻略のカギは モラトリアムおじさんだ！

株式会社ビデオリサーチひと研究所 編著

ダイヤモンド社

現代シニアの変化をとらえろ！

15年以内に50歳以上の人口が半数を超える日本。
シニアは体力的に10歳以上若くなり、
かつての「高齢者」ではない。
その姿は、変化し、複雑化を重ね、
これまでの見方ではとらえきれなくなっている。

いまや60代の７割以上がジーンズをはいている！

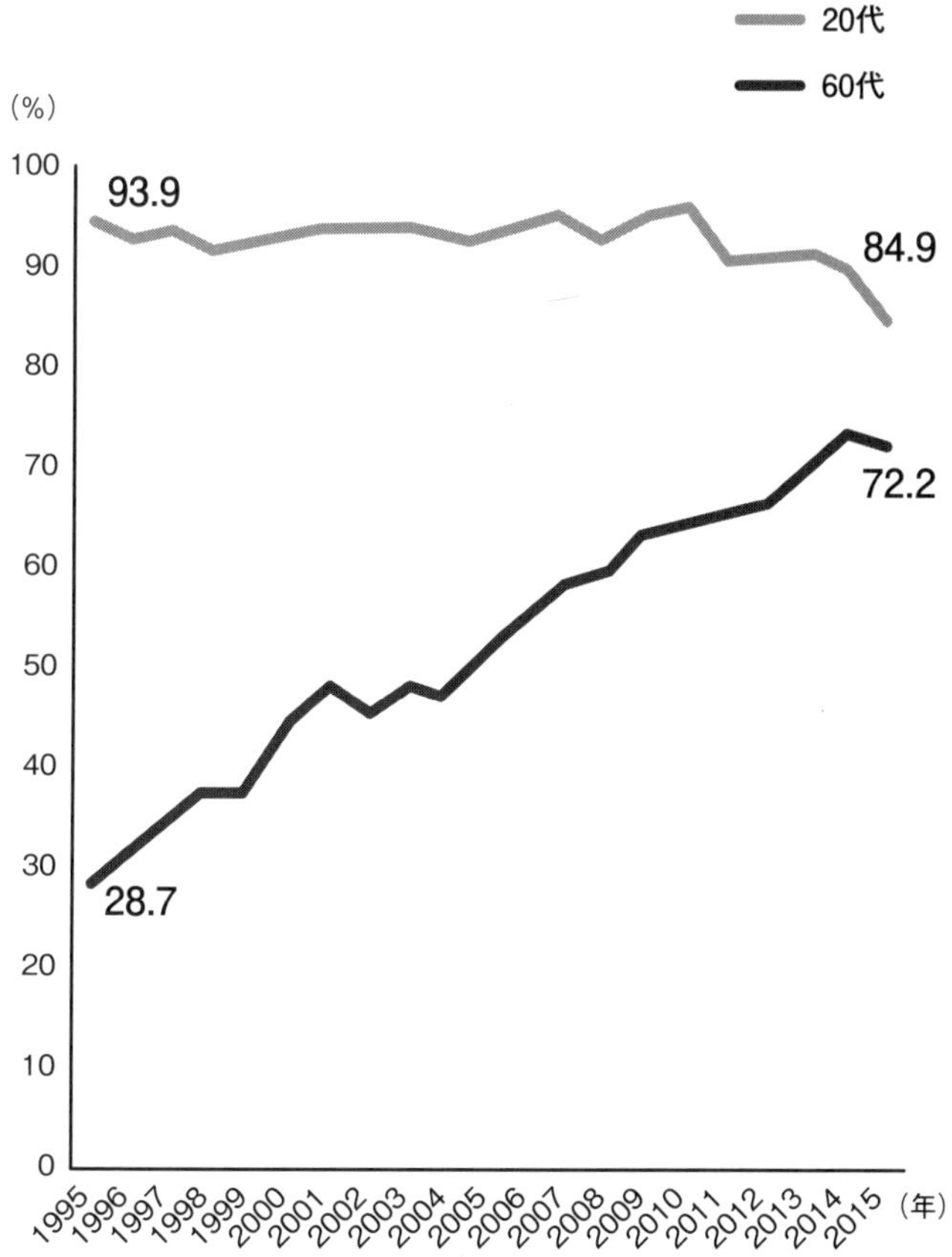

※ジーンズ所有率時系列推移（ビデオリサーチ「ACR」「ACR/ex」　全国７地区）

現代シニアのニーズとウォンツをつかめ！

加齢による身体と心の変化、
社会的立場や家族構成の変化が起こるとともに
過去の体験に通じる「心のゲート」が開き、
ニーズやウォンツが生まれる。
問題は、それらが千差万別なことだ。

孫が
かわいい！
いまが
最高ですよ！
買っ
ちゃった♪
お金さえ
あれば…
コミュニティ
カフェを
開きたい！
何か始めたい
んだけど…

現代シニアは「価値観」で分類できる！

大規模な定量・定性調査と学術的研究を重ねた結果、
デモグラフィック分析でも
アクティブシニアか否かだけでもない
「価値観」という切り口によって、
私たちは6つのセグメントを発見した。
それぞれに効くメディアやコミュニケーション、
それぞれの心をつかむアプローチが存在する。

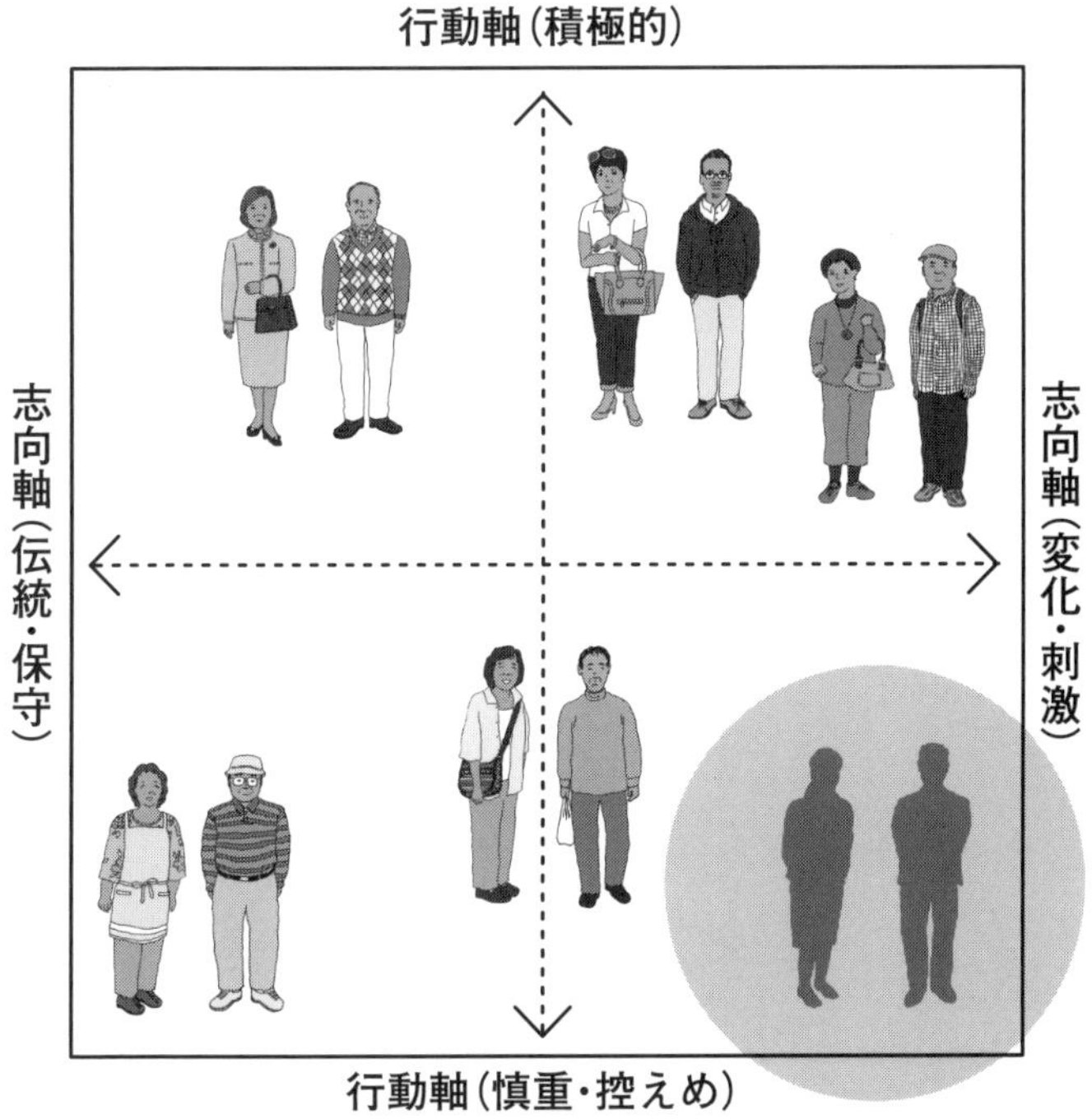
行動軸（積極的）
志向軸（伝統・保守）
志向軸（変化・刺激）
行動軸（慎重・控えめ）

「セカンドライフモラトリアム」こそ、宝の山

最大の発見は、第2のステージを模索し続けている
「セカンドライフモラトリアム」の存在だ。
従来のシニアマーケティングが放置していた彼らこそ、
実は宝の山である！
その価値観を読み解くカギと、有効なアプローチとは？

へーこんなのあるのか…
ガイドブック
GUIDE BOOK
○○入門
ふーん…
FACEBOOK
えっ俺？
…
これから妻とハイキングに行こうかと
いいっすね
○○町内会
わたし、こういうものです
ふ。
いってきまーす
お昼カレーあるから！
う、うん…
ニャー

はじめに

シニアマーケットは理解が難しい。

シニアマーケティングはなかなか成功しない。

そういう声をよく聞く。

本書を手にとっていただいた方の中にも、そのような考えや経験をお持ちの方が多いかもしれない。

なぜなのだろうか。

その答えの代わりとして私たちが示したいデータの一部が、冒頭で紹介したものだ。

シニアマーケティングにおいて、シニアの理解が難しいのはある意味、当然である。

誰もがみなシニアになるが、シニアマーケティングを担当しているビジネスパーソンの多くは現役世代であって、いまだシニアではない。

そこで、シニアという経験したことのない年齢の人たちの心の内、頭の中を想像するため、自らの記憶や周囲の情報に頼る。身近なところにいるシニアや、自らが接触してきたシニアを思い起こし、考えを巡らせる。

対象は両親や親戚、会社の上司かもしれないし、幼いころ遊んでもらった祖父母との思い出かもしれない。各種レポートや資料を通して、最近はもっと活動的で消費意欲に満ちた、アクティブなシニアがいるらしいことも知っている。

しかし、身の回りにいるシニアは往々にして個人差が強く、シニア全体の姿を代表しているとはいいにくい。いろいろ調査を行っても、**結果的に一部のシニアに注目するあまり、シニアの実態がむしろつかめなくなってしまうことになりがちだ。**


いまなおシニアと聞いて、漫画『サザエさん』の波平さんやフネさんをイメージしてしまう人が少なくない。

一方、アクティブシニアという言葉から海外旅行やゴルフ三昧の富裕層をイメージする人もいる。

しかし、それらはいずれもシニアの一部でしかない。

いまの時代を生きている現代シニアに対して有効なマーケティング戦略を組み立てるには、まず既存のシニア像や先入観から脱却する必要がある。

30代、40代はもちろん、50代前半でもまだよくわからないシニアの人生。それをすでに歩んでいる人たちの心に、果たしてどうアプローチすれば響くのか。

本書は、ビデオリサーチひと研究所のシニア研究チームであるＶＲエイジング・ラボが、長年にわたって取り組んできたビデオリサーチの生活者研究の強みを活かし、現代のシニアと未来のシニアに思いを馳せ、マーケティングの現場で実際に役立つアプローチ法を考えたものだ。

私たちは、**シニアに関する定量・定性情報はもちろん、欧米ではすでに学問として定着している老年学（ジェロントロジー）と呼ばれる横断的・学際的な学問なども取り入れた、客観的・複合的なアプローチが重要だと確信している。**

そこで、独自の調査で収集した豊富なデータをベースに、専門家の科学的知見を加えたいくつもの仮説を検証し、最終的に現代シニアをその価値観によって６つのグループに分けた。

そして、**「アクティブシニア」という名のもとに旧来のマーケティングが放置し、ターゲットにしてこなかった「セカンドライフモラトリアム」という存在を浮かび上がらせた。**

私たちは、波平・フネ夫妻でも、「アクティブシニア」でもない彼らこそが、シニアマーケティングにおける「宝の山」であり、新しいシニア市場を攻略するカギになると考えている。

高齢社会のトップランナーである日本では、シニアをシニアと呼ばなくなる日も近いだろう。

その日のために、本書が新たな発見や刺激のきっかけとなり、シニア市場がより活性化していき、いずれはシニアになる私たち自身の未来を明るいものにしてくれることを願ってやまない。

２０１７年2月

株式会社ビデオリサーチひと研究所
ＶＲエイジング・ラボ一同

新シニア市場攻略のカギはモラトリアムおじさんだ！　目次

第2章 多種多様なシニアは「価値観」で分解できる!

第3章

多様化するシニアをひもとく6グループ

第4章

最有望ターゲット「モラトリアムおじさん」の心をつかめ！

第5章 シニア研究の未来

第1章

昔の高齢者といまのシニアはどこが違う?

イオンの現場でシニアに響いた商品とその理由

わが国最大の小売企業、イオン。

2011年からの中期経営計画で、同社は「アジアシフト」「大都市シフト」「デジタルシフト」とともに、「シニアシフト」を打ち出した。その実験的かつ具体的な店舗として、2013年5月に東京・江戸川区のイオン葛西店をリニューアルし、4階のフロア全体をシニアターゲットに向けた「グランドジェネレーションズモール（G・Gモール）」とする取り組みを始めている。

フロアの中心に大型書店を置き、ほぼ毎日シニア向けイベントが行われるスペースや、カフェ、カルチャー（楽器店、英会話、旅行など）、リラクセーションなどの「コト」消費の店舗を据えた。

フロアにはゆっくり休憩できる椅子が置かれ、エスカレーターの周囲には何も陳列せず、ホテルのように高級感があってゆったりしたスペースとなっている。こうした人が自然に集まりたくなる〝ギャザリング〟の試みは、現在、同社の新型店舗『イオンスタイル』の店づくりにも取り入れられている。

しかし葛西店は、都内の典型的な住宅地にあるマスターゲットの総合スーパー（GMS）である。そこでシニア向けシフトを始めることは、非常に実験的、挑戦的な取り組みだった。モノを売るのではなく、コトを、しかもシニアに買っていただく。集客は順調に伸びていったが、どんなものを揃えればより売上げに結びつくのか、試行錯誤が続いていた。そうした中、私たちVRエイジング・ラボとの協働が始まった。

成果を上げたひとつは、『ヤマト屋』のシニア向けバッグだ。軽量、多機能、かつ日本製で、価格は1万～2万円台と、GMSで販売する商品としては明らかに高い。だが、驚くほどよく売れた。

『スワニー』というメーカーが販売している杖の代わりにもなる買い物カートも、やはり価格は高いがシニア向けのヒット商品だ。

『リゲッタ』の履きやすく歩きやすい靴、『タムラ』の補正下着、首元への視線をそらす大きめのアクセサリーなど、**それまでのGMSでは信じがたい商品が売れ始めた。**

漢方薬の売り場にGMSとしては異例の専門販売員を配置したところ、イオン全店でトップの売り場になった。**シニアに響く細やかな売り方が奏功したのである。**

いまでは、カスタマイズできる高価な杖が、価格POPなしで売れていく。

図表 1 - 1　イオン葛西店のリニューアル（2016年12月）後の様子

▲住宅街に建つイオン葛西店

エスカレーターで４階に上がるとポイント発行機が▶

▲４階のイベントスペースでは無料のミニコンサートなどを開催

▲４階のカフェでは朝７時から朝食を提供

▲４階の通路は１周約 180m のウォーキングコースに

▲階段には段数を表示

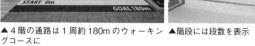

▲オーダーメイドもできる3階のステッキ専門コーナー

▲3階に新しくできたG・G世代のためのライフスタイルショップ「FANTASTICK+」

▲ショッピングカートはデザインも豊富（3階）

▲歩きやすさにこだわった3階のシューズコーナー

▲催事場では江戸川区の名品を展示・販売（3階）

▲コインゲームなどが楽しめる大人のアミューズメントスペースNOSICA（3階）

逆に、**シニアに向けたはずの総菜やワインの小分け販売は、受け入れられなかった。**

こうしたエピソードには、一つひとつ理由がある。シニアを画一的なイメージや先入観で考えることをやめ、加齢に伴ってどんなものを買うようになるのか、どうすれば納得、共感を得られ、購買に結びつくのか。**トライ&エラーを繰り返しているのがシニアシフトの最前線だ。**

同店は2016年12月に再度リニューアルを実施し、取り組みはいっそう進化しつつある。イオンと私たちの取り組みについては、64ページからの事例紹介でもふれたい。

シニアはどんどん変わっている

イオンとの協働において、私たちの提案のもとになっているデータの一例をご紹介しよう。結論から述べれば、現代のシニアは気持ちが若い。また、実際に周囲から若く見られることも多い。

例えば、私たちがインターネットモニターを対象に行ったアンケートの結果である。「老人」や「高齢者」という言葉が何歳から当てはまるかを尋ねると、回答者の年代が10代から60代まで上がっていくにつれて上昇する傾向が見られたが、「シニア」という用語に対してはどの年代でも60歳と認識している。

しかし、「自分がシニアと呼ばれることについてどう感じるか」という質問には、50代の約7割、60代前半でも半数以上が「抵抗あり」と答えている。シニアとは呼ばれたくない微妙な心理がありそうだ。

また、私たちが実施した『シニア1000人調査』（首都圏在住の55〜74歳対象の郵送調査。詳細は92ページ以降を参照）で現代シニアのエイジング意識を探ったところ、こうした心理を裏づける結果が得られた。

「気持ちはいつでも若くありたい」と答えたシニアは実に89％に上り、「自分たちは親世代よりも若い」87％、「自分の年齢にとらわれず意欲的に暮らしたい」82％と、8割を超えるシニアが若くありたいと望んでいる。しかも、回答者の65％は「年齢よりも若く見られることがある」という。3人に2人は、願望ではなく実際に若く見られたという経験があるのだ。

さらに、実際の年齢に関係なく自分が気持ちの上で何歳なのかを尋ねたところ、55〜59歳ではマイナス8・3歳、60〜64歳ではマイナス7・5歳、65〜69歳ではマイナス8・2歳、そして70〜74歳でもマイナス8・0歳と、ほぼすべての年齢層で自らを8歳若いと考えている。

他のデータでも、**加齢していくにつれて生活意識の面はむしろ前向きで活動的、積極的になっていく姿が浮かび上がる**（ビデオリサーチ『Senior+/ex』より）。

例えば、「人との付き合いは広いほうだ」と答えた割合は、55～59歳で35%なのに対して70～74歳では58%となり、「自分に自信がある」は同35%に対して45%と上昇する。一方、「家にいるほうが好き」と答えた割合は、同61%に対して45%まで減少する。

実際の姿をインタビューで探ってみても、リタイア後に新しいことに挑戦してみる、それも、趣味だけでなくビジネスを始めるようなケースが少なくない。

シニアは年齢が上がれば上がるほど落ち着き、保守的になるというのは、いまや先入観に過ぎない。

シニアはいまでも相撲や時代劇が好きなのか？

私たちビデオリサーチは長年にわたって生活者データを蓄積しており、かつてのシニアと現在のシニアの意識や行動を比較することもできる。そこからも、驚くべき変化が見つかった。

図表1-2は、1994年と2014年における、シニアの好きなテレビ番組のジャン

ル比較だ。

20年前の60代では「大相撲」「時代劇」「プロ野球」「寄席・演芸」が上位を占めていたが、最近では様変わりし、すべてランク外となってしまった（なお、「気象情報」「フィギュアスケート」は20年前の調査にはなかった項目のため単純比較はできない）。

94年に上位に入っていたジャンルを確認してみると、「大相撲」が94年の70％から2014年は24％に、「時代劇」は同60％から33％に、「プロ野球」は同52％から25％に、「寄席・演芸」は同46％から27％に、いずれも大きく減少している（ただし、これは東京圏での標本調査であるため、近年の地方都市圏におけるプロ野球人気は反映していない）。

現代のシニアには、確かにマス4媒体（テレビ、ラジオ、新聞、雑誌）の影響が他の世代よりも強く、インターネットへの接触率は年齢が上がるほど低下する。しかし、70～74歳であっても、実に46％が週に1回以上メール以外のネットに接触している。メールまで含めれば、70％を超える（ビデオリサーチ『Ｓｅｎｉｏｒ＋／ｅｘ』より）。

また、総務省統計局によれば、65歳以上の高齢者世帯のネットショッピング利用率はこの10年で3・6倍に増加しているという。

私たちのインタビューで、Apple Watchを楽しそうに使いこなす80代女性に接したときには驚きを隠せなかった。彼女もまた、楽しみと用事で毎日が忙しく、病気になってい

図表 1-2　シニアが好きなテレビ番組のジャンルの変化

1994年　60代

1	大相撲	69.8%
2	旅行・紀行もの	68.5%
3	時代劇	60.1%
4	報道解説（討論会等含む）	56.9%
5	プロ野球	51.6%
6	ニュース	49.2%
7	寄席・演芸	46.4%
8	マラソン	43.1%
9	ドキュメンタリー・ルポ	43.1%
10	ホームドラマ	41.5%

▼

2014年　60代

1	気象情報・天気予報	69.5%
2	国内ニュース	61.5%
3	旅行・紀行番組	57.9%
4	国内ドラマ	57.7%
5	マラソン・駅伝	42.8%
6	フィギュアスケート	39.9%
7	ドキュメンタリー・ノンフィクション	39.6%
8	洋画（欧米）	38.9%
9	グルメ情報（食べ歩き・店紹介）	38.0%
10	歴史・史実	36.8%

※ビデオリサーチ「ACR」1994年　東京30km圏、「ACR/ex」2014年　東京50km圏

る暇などないと笑う、アクティブでアグレッシブなシニアだった。

ジーンズは当たり前

かつてシニアスポーツの代名詞だったゲートボールの競技人口は、最盛期の5分の1程度になっているともいわれる。現在のシニアに人気のあるスポーツは、ウォーキングやトレッキング、テニス、スキーなどであろう。現在のシニアはすでに若いころ、こうしたスポーツに慣れ親しんでおり、現在の若者とさほど変わりがない。

1988年の調査では、「着るものには気をつかう」と答えた女性の割合が20代と60代では約20％もの差があった。しかし、2012年にはわずかに4％しかない（図表1－3）。

本書の冒頭でも紹介したジーンズの所有率という、少し変わったデータもある。1995年以降、20代がほぼ横ばいなのに対して、60代は一貫して上昇しており、現在では20代とほぼ同じ水準である（図表1－4）。東京圏での調査にはなるが、70代前半でのジーンズ所有率が61％という数字もある。

こうした変化の背景として考えられるのは、「団塊の世代」と呼ばれる1947～49年

図表 1-3 「着るものに気を使うほう」という人の割合

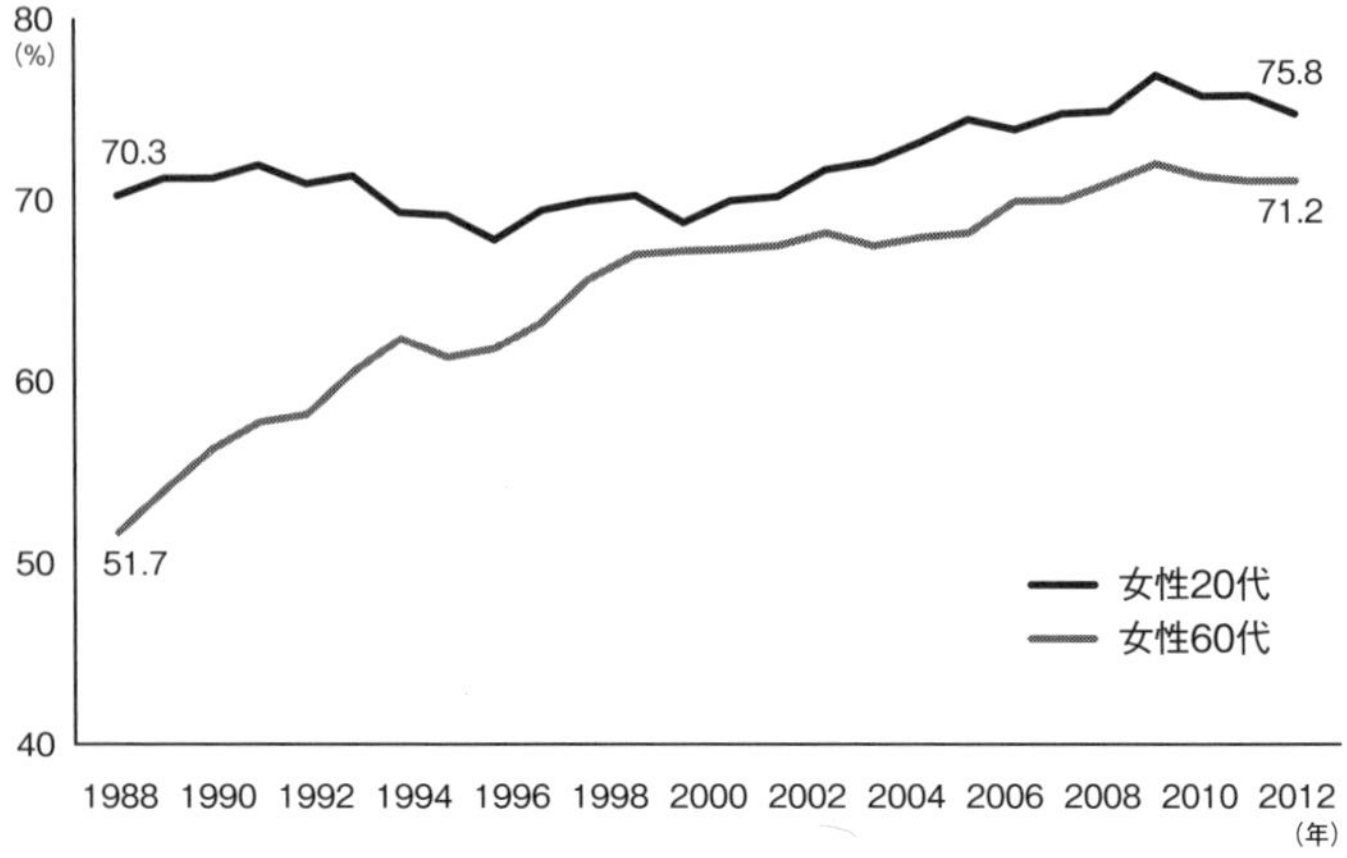

※ビデオリサーチ「ACR」「ACR/ex」 全国7地区

図表 1-4 ジーンズの所有率の変化

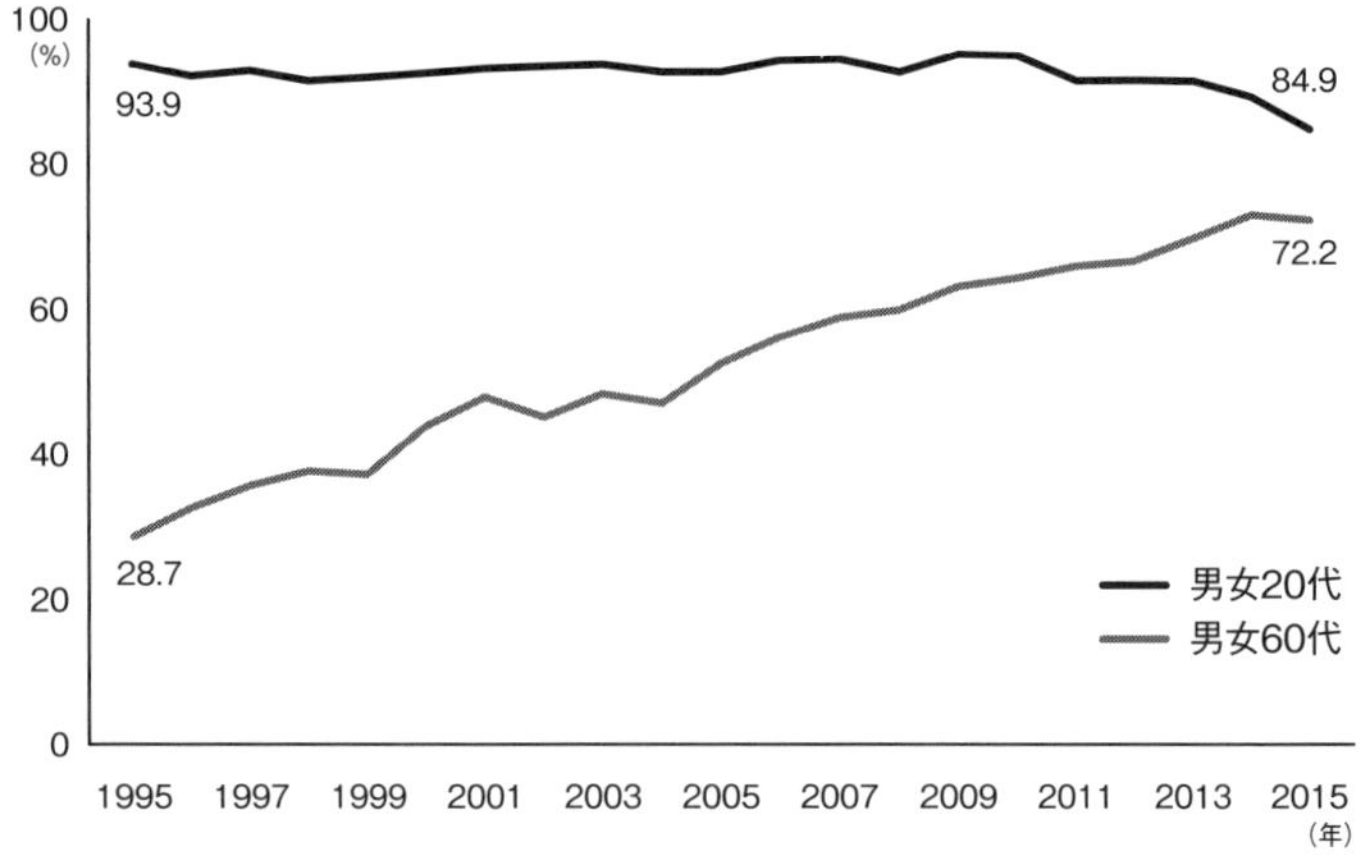

※ビデオリサーチ「ACR」「ACR/ex」 全国7地区

に生まれた第1次ベビーブーム世代の存在だ。２０１７年時点でいえば、68～70歳になる。この世代は人数の多さだけでなく、その上の世代とは考え方やライフスタイルに大きな違いがある。

現在の70代以上（戦前・戦中生まれ）は戦前の古い社会に生まれ育ち、焼野原となった戦後の貧しく苦しい時代も経験している。嗜好性を発揮したくても選択できるものがなかった世代だ。我慢が美徳であり、消費には消極的である。どちらかというと、これまでイメージとして描かれてきた「昔のお年寄り」世代だ。

それに対し、団塊世代やそれ以降の世代は、社会的にも経済的にも多様な人生を選択できるようになった点が大きく違う。

ただ、団塊世代以降がいきなりこぞって自由で新しい考え方を持ち始めたわけではなく、引き続き保守的な層、中庸的な層も存在する。ベビーブーム世代で総人数が多いために、そしてフロントランナーであったがゆえに、より社会的現象として「目立って」見えたことには留意する必要がある。

こうした価値観の多様性は、本書が目指すシニア研究の重要なポイントである。第２章以降で詳しく述べていきたい。

シニアは10歳若くなっている！

意識の面だけではない。**体力面でもシニアはかつてより10歳若くなっている。これは、老年学（ジェロントロジー）ではすでに常識である。**

老年学とは少し聞き慣れない言葉かもしれないが、老年医学、老年心理学、老年社会学など、シニアに関するさまざまな研究を行い、知識の応用や、世代間の研究も含む、横断的、学際的な学問領域である。

2015年、日本老年学会において「現在の高齢者は10年前に比べて、10歳は若返っている」という報告が行われた。

根拠となったのは、鈴木隆雄・桜美林大学老年学総合研究所所長（国立長寿医療研究センター研究所元所長）が、1991年、旧東京都老人総合研究所に在籍中から継続して行っている「老化に関する長期縦断研究」である。

身体機能のデータを細かく見ると、92年から2002年にかけて、男女とも65歳以上のすべての年齢で歩行速度が上がっており、10年前の同年代と比較してマイナス11歳に相当する。知力（知能検査）でも、2002年の70歳代は10年前の60歳代とほぼ同じであり、同じく60歳代は10年前の40歳代、50歳代に近づいている。

健康状態でも、心筋梗塞、脳卒中、骨粗しょう症で治療を受けた人の率が低下し、12年前の10歳若い年代とほぼ同じか、それよりも低いのだ（参考文献『超高齢社会の基礎知識』鈴木隆雄・講談社現代新書・２０１２年）。

こうした現代シニアの実態については、普段から身近にシニアと接したことがない人ほど意外に感じるかもしれない。

しかし、**これらの事実を踏まえなければ、これからのシニアマーケティングは大きなミスを犯しかねない。**シニアそのものが変わっているだけでなく、シニアの総数、そして人口に占める割合も年々高まっていくからだ。

日本は高齢社会のトップランナー

一般に総人口に占める65歳以上の比率が７％を超えると「高齢化社会」、14％を超えると「高齢社会」、そして21％を超えると「超高齢社会」とされる。日本は２００７年に21％を超え、すでに65歳以上の人口比率では世界一である。

日本はまた、高齢化のスピードが速い点でも世界トップクラスだ。日本が「高齢化社会」となったのは1970年、そして「高齢社会」に到達したのは1994年で、移行に24年しかかかっていない。国際的に比較すると、ドイツは40年、福祉国家として知られるスウェーデンは85年、フランスは126年かかっている。

この期間が長ければ、高齢者の増加に対応する社会制度をゆっくり準備できるし、社会的な議論も成熟する。だが、**日本は変化のスピードが速すぎ、社会制度の整備だけでなく、私たちの主題であるマーケティングについても、現実に追いついていないといわざるを得ない。**

その一方、シニア人口の急増は、マーケティングに関わる人たちにとっては、ビジネスチャンスが拡大することと同義である。かつてのようにシニアはマイノリティではなく、むしろ市場のマジョリティとなりつつあるからだ。

日本の人口における「中央値年齢」（平均ではなく、頭数でちょうど総人口の中間にいる人の年齢）を見ると、1985年は35歳、つまり人口の半分は35歳以下だった。2015年は46・8歳（推計値）である。これが、2023年には50歳に到達すると推測されている。

仮に50歳以上をシニアと呼ぶことにするのであれば、10年もたたないうちにシニアが人口の半数を占める社会になり、もはやシニアであることが普通となる。シニアこそが社会のマジョリティとなるのだ。

シニアは何歳から何歳までなのか？

ただ、50歳をシニアと呼ぶべきなのかどうかについては、さまざまな議論がある。何歳から何歳までをシニアと呼ぶのかについて、正式な定義はない。むしろ、場面や状況によって、シニアの年齢幅は上下する。

国の社会保障制度においては現在、65歳以上が前期高齢者、75歳以上が後期高齢者とされている。高齢ドライバーは70歳からだ。前述のように「高齢者」と「シニア」では言葉のイメージが異なるが、国の基準としてひとつの目安である。また、2017年1月、日本老年学会などは、65〜74歳を「准高齢者」とし、高齢者は75歳以上に引き上げるべきと提言した。

働く立場からすると、定年が重要な区切りだ。定年までは現役、定年後がシニアというものである。現状では60歳定年が多いが、65歳までの雇用延長や定年そのものを引き上げる動きも見られる。

民間企業が実施しているシニア向けサービスにおいては、対象年齢は次第に引き下げられている。需要を呼び込みたいという企業側の思惑によるもので、映画や旅行会社のシニア割引のように55歳や50歳からとしているケースもある。

では、シニアマーケティングにおいては、どの幅を対象とするのが適切なのであろうか。**結論として、私たちのシニア研究では、55歳から74歳までを対象とすることにした。**

私たちが注目したのは、イギリスの歴史社会学者、ピーター・ラスレットが提唱した「人生4期論」である。誕生から死までの人生を、4つの段階に分けるという考え方である。ラスレットは「ファーストエイジ」を未熟・教育・依存、「セカンドエイジ」を自立・責任・蓄積、「サードエイジ」を達成・完成・充実、そして「フォースエイジ」を依存・衰退の期間としている。

かつて人生のとらえ方としては3期論が主流で、子どもとして庇護される時代、現役として活躍する時代、そして最後に依存、衰退する時代が来ると考えられてきた。

しかし、いまや現役を退いたからといって即、衰退が始まるわけではなく、健康でお金にも時間にも余裕がある期間が存在する。そもそも現役を退く時期も、定年延長もあれば早期リタイアもあって、ライフスタイルによりまちまちになってきている。こうした点から、「人生4期論」が現代においては適切であり、「サードエイジ」こそがシニアの期間にあたると考えられる。

図表 1-5 VRエイジング・ラボが考えるシニアの年齢幅

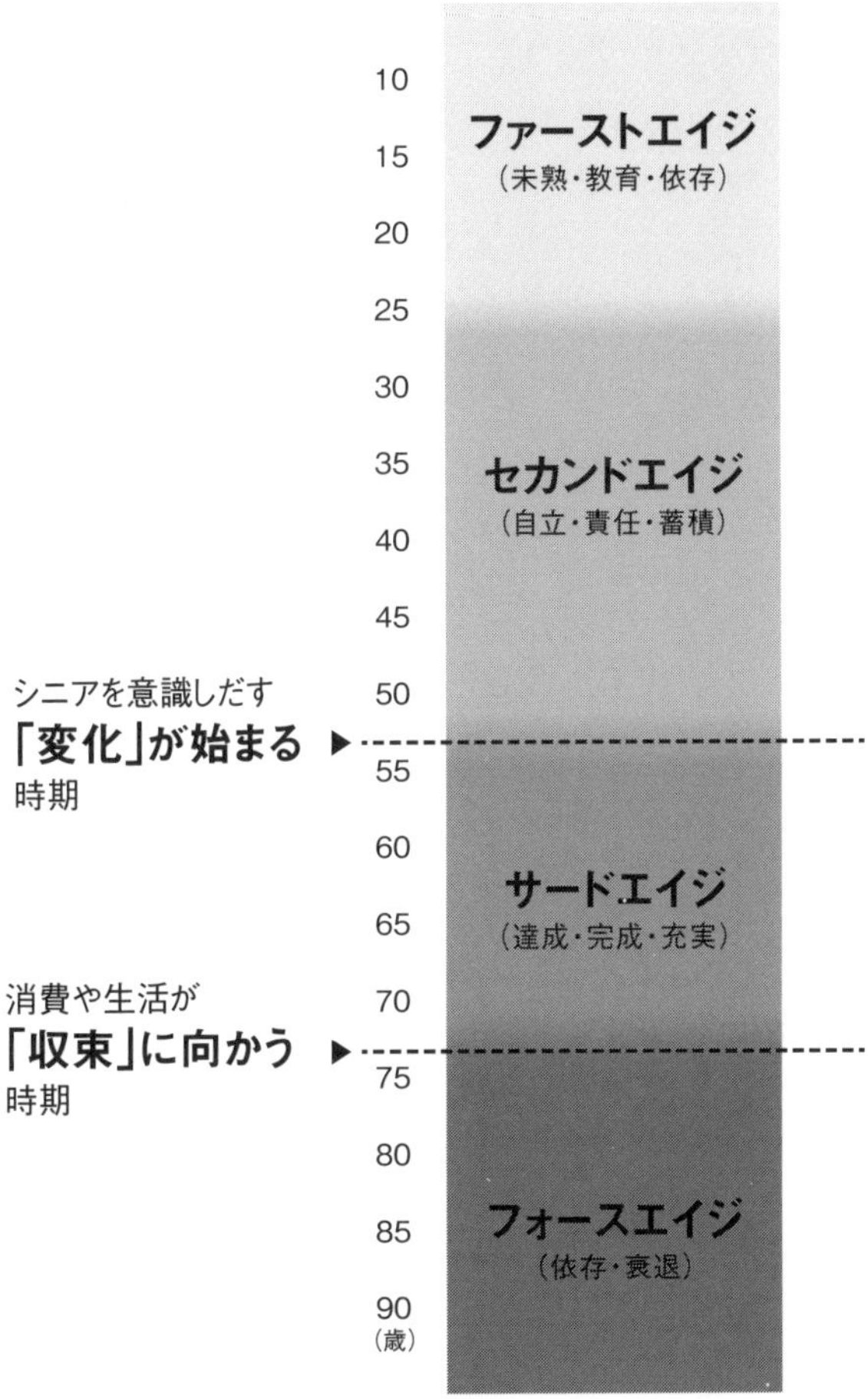

ただ、ラスレット自身はそれぞれの期間を区切る年齢を設定していない。学術的には個人差を無視できないので当然ではあるのだが、マーケティングへの応用を考える以上、データなどの客観的根拠に基づいて、一定の基準をつくったほうがわかりやすい。

そこで私たちは、**「サードエイジ」の始まりを、加齢による身体やライフステージの変化が大部分の人で実感され始める年齢、終わりを消費や生活が大部分の人で収束に向かう年齢として設定することにした。**

始まりの年齢（下限）については、次のように考える。

身体やライフステージの変化のポイントは3つある。「身体」の変化、「社会的立場」の変化、そして「家族」の変化だ（図表1－6）。

「身体」の変化とは、すなわち老化現象のことである。例えば老眼の進行、肌の衰え、睡眠障害、とっさに言葉が思い出せない、女性の場合は更年期障害などといった、本人には実感できる老化現象が身に起き始める。**これを私たちは「エイジングイベント」と名付けた。**その中身については後で詳しく述べていきたい。

「社会的立場」の変化のもっともわかりやすい例は、企業における定年退職だ。実際には、会社の定年は60歳でもいわゆる役職定年がもっと前にあるケースや、自分ではなくても同級生や同期入社、周囲の同年代の間で早期リタイアを選択する人が出てくるケースなどで、社会的な立場としてのリアルな区切りが意識され始める。

男性の場合、リタイアした人の割合が何らかの形で働いている人の割合を上回るのは66歳からだが、役職者率は54歳をピークに下降に転じ、リンクするように正社員率も下がっていく。女性の場合は、世代的に専業主婦が多かったため、夫の定年に応じて意識することが多い。

もうひとつは、「家族」の変化だ。男性も女性も、子どもから完全に手が離れ、巣立つタイミングは、おおむね50代半ばにピークがくる。そして、子どもが結婚したり、孫が生まれたりという区切りがやってくる。

親との関係では、介護の開始、同居開始がやはり50代半ばにピークがくる。中には、見送りを経験する人も出始める。

このように、**「身体」「社会的立場」「家族」の3つにおける加齢変化を実感するタイミングを各種のデータで調べていくと、現在においてはそれぞれ50代前半から半ばにかけてが多いのである。**

次に、終わりの年齢（上限）である。こちらは下限よりもわかりやすい。

要支援・要介護認定率は75歳以上で急激に増加する。エイジングイベントでいえば、認

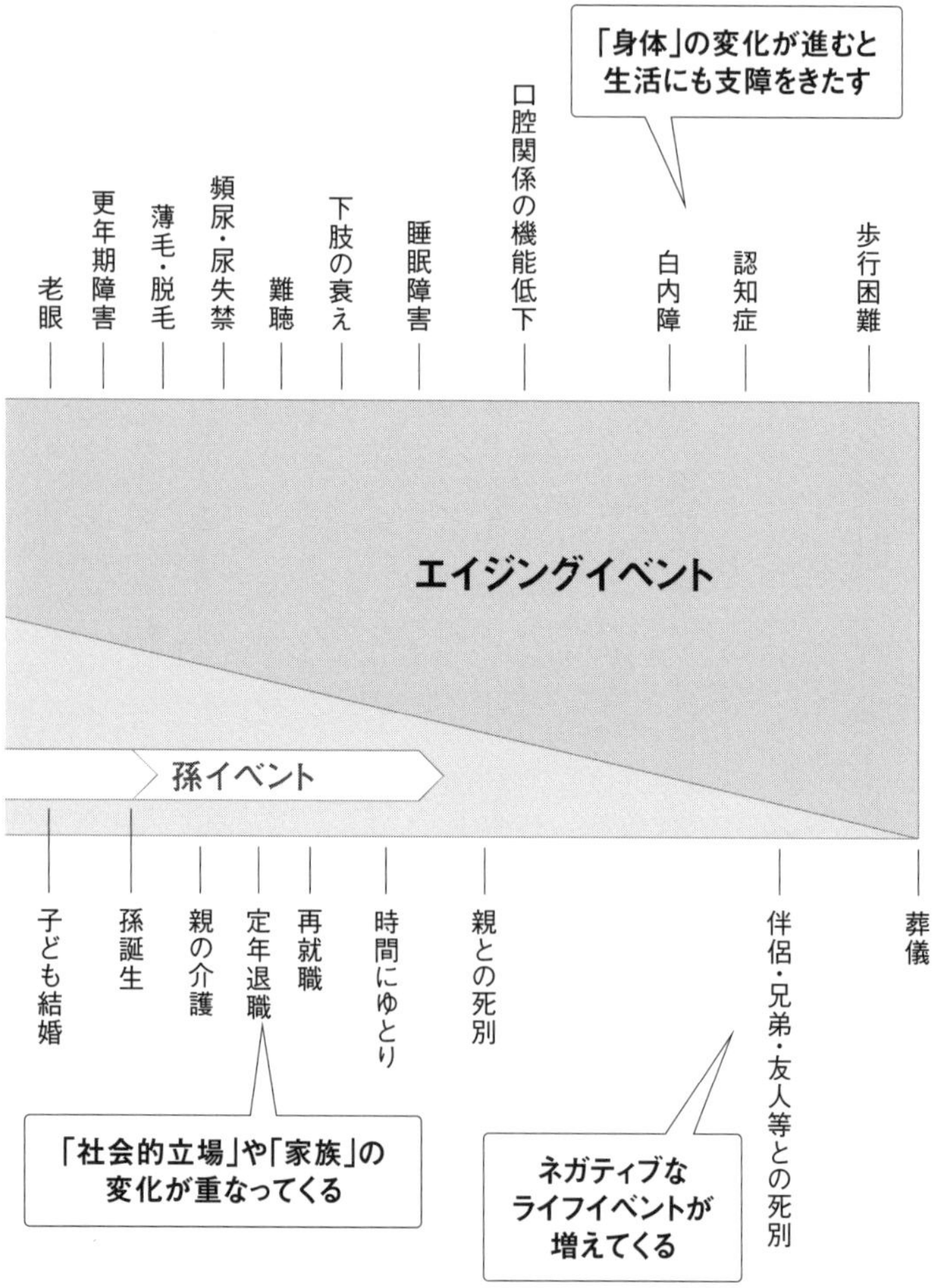

「身体」の変化が進むと
生活にも支障をきたす
老眼
更年期障害
薄毛・脱毛
頻尿・尿失禁
難聴
下肢の衰え
睡眠障害
口腔関係の機能低下
白内障
認知症
歩行困難
エイジングイベント
孫イベント
子ども結婚
孫誕生
親の介護
定年退職
再就職
時間にゆとり
親との死別
伴侶・兄弟・友人等との死別
葬儀
「社会的立場」や「家族」の
変化が重なってくる
ネガティブな
ライフイベントが
増えてくる

図表 1-6 身体やライフステージの変化の例

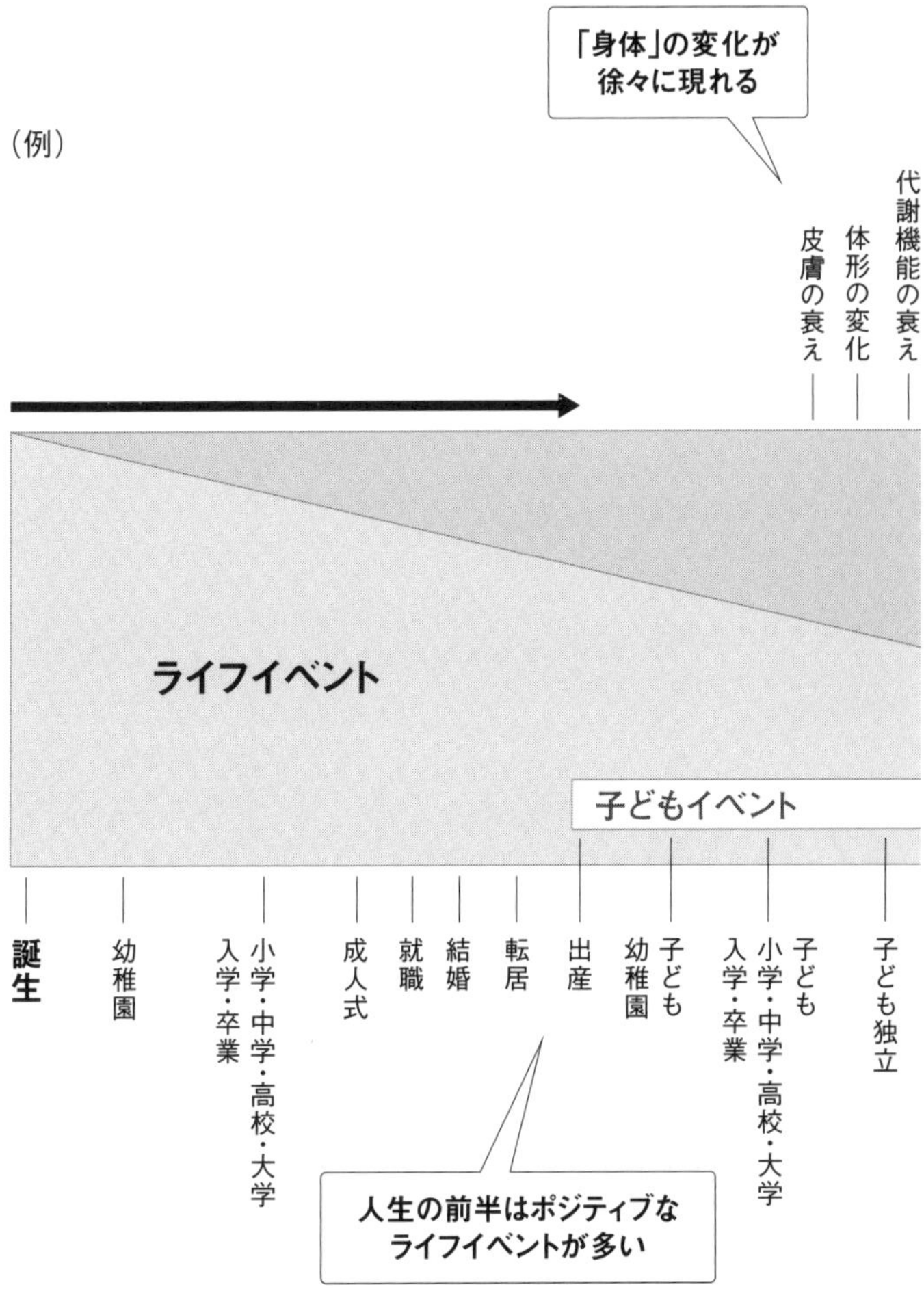

知症や歩行困難といった変化が起き始める。そしておのずと、自ら積極的に行う消費から遠ざかっていく。

これらを総合し、私たちはマーケティングにおけるシニアの対象年齢を、55歳〜74歳に設定した。

2015年10月の最新の国勢調査によると、55〜74歳人口は約3300万人になり、総人口の実に約26%を占めている。1947〜49年生まれの「団塊の世代」だけで約640万人にものぼる。

いまのシニアはかつての高齢者に比べ、あらゆる面で若くなっていることはすでに述べたとおりだ。しかし、**シニアはあくまでシニアであり、若い世代にはない、シニアならではの特性が存在する。**

この特性の理解こそが、いまだシニアには達していない私たちにとって非常に重要なマーケティングのカギになるはずだ。

「エイジングイベント」をポジティブに

例えば、いま紹介した「エイジングイベント」は老化現象のポジティブな言い換えである。44〜45ページの図表1−6をもう一度見てほしい。

意欲的にも体力的にも若くなっているシニアではあるが、確実に老化の波はやってくる。身体が変化することで、端的にいえば、次第に不便、不具合、不安などといった「不」が増えていき、加齢するほどその度合いは増していく。

子育てや仕事が一段落し、社会的には自由な時間が増えてくる一方で、自らの老いを意識せざるを得ない身体の変化を、「不」が増えるという否応ないかたちで認識するイベントに連続して直面することになる。

現象だけをとらえれば老化そのものにほかならないエイジングイベントだが、老化は変化でもある。そして変化には商機が隠されている。マーケティングとしての課題は、そこにどうポジティブに寄り添っていくかである。

エイジングイベントの〝走り〟のひとつは老眼であり、次第に進行していく。しかし、多くの人には、自分が老化の入口に達したという事実を認めたくない心理が働く。老眼鏡を手にすれば不便を解消できるとわかっていても、我慢できなくなるほど不便を感じるわけではない。ある一線を越えるまで、もしくは老いそのものを受け入れるまで、なかなか老眼鏡には手を出さない。

この心理をポジティブに転換したのが「リーディンググラス」だ。ネガティブなイメージを持たれやすい老眼鏡を前向きな名称にいい換え、女性誌とコラボするなどファッション性の高い商品開発を行うことで、おしゃれなアイテムとして市場が活性化した例である。

同様の事例は、かつら市場にも見出すことができる。シニアビジネスの典型例だったかつらだが、男性用は植毛市場の伸長の影響によって縮小していた。

各社は、女性の薄毛に対応するかつらに注力し始めた。すると、単に薄毛を隠すためだけでなく、さまざまなシーンに対応できるおしゃれアイテムとしてのニーズが見出され始めた。そこで、「ウィッグ」という呼び名によってかつら装着への心理的なハードルを下げ、つけ毛やエクステンションと同様の商品として、いま市場のすそ野を広げている。

老化は誰にでも間違いなく訪れ、受け入れざるを得ない変化だけに、うまくポジティブにとらえた提案ができると商機が広がる。

自分の意思で元気なうちに自分好みの遺影を撮影するビジネス、遺骨を人工ダイヤモンドに加工するビジネスなど、人生が終わった後の準備、いわゆる「終活」にまで、エイジングイベントをポジティブにとらえたビジネスが展開し始めている（図表1－7）。

図表1-7 エイジングイベントと売れるモノ・サービスの例

エイジングイベント	売れるモノ・サービスの例
皮膚の衰え	ハリを与え、シミ・シワを隠し、シワを伸ばす化粧品
体形のへ変化	ウエストゴムパンツ＆スパッツやチュニックで体形隠し。伸びる素材、やわらかい素材感も大切
代謝機能の衰え	汗をかきにくくなり中年太りも相まってサプリメントや運動に対する興味関心が高くなる
老眼	おしゃれな老眼鏡はいくつあってもいい。付属のチェーンやメガネケースなどのおしゃれ雑貨も
更年期障害	頭痛やイライラ、発汗など様々な症状のため不安が付きまとう。病気ではないことから食品やサプリメントに対する興味関心が高まる時期
うす毛・脱毛	男性も女性も大きな悩み（白髪を含む）。誰しもある悩みだが商品知識がない。白髪隠し、ウィッグ、ボリュームアップ商品などのニーズ大
頻尿・尿失禁	失禁パットの売れ行きは子どものおむつ以上。提案の仕方が大切
下肢の衰え	寝たきりは下肢の衰えからといわれる（特に女性）。運動ウェアや靴、サプリ、サポーター付きスパッツ、日用品便利グッズ、おとなのゆったり旅、スポーツクラブなどが注目
睡眠障害	睡眠は健康問題に直結する。寝具やサプリメント、食品、ライフスタイルの提案が重要
認知症	誰しも認知症は恐怖で、予防にお金をかける。認知になる前のマーケットが存在。予防商品として、えごま油、ココナッツオイル、イチョウ葉サプリ、計算ドリルなど、エビデンスは疑問だが今後、市場は必ず拡大する

「エイジングイベント」の進行とマーケットの相関

私たちは、こうした例のほかにも、エイジングイベントの進行に伴い、さまざまなチャンスが眠っていると考えている。化粧品、サプリメント、食品、下着や軽失禁パット、寝具、運動用のウェアや靴、スポーツクラブなどだ。

どのようなモノやサービスが、どのシニア層に響くかが見えてくれば、あとはどのような提案をすればいいのかを考えるだけだ。本章の冒頭で紹介したイオン葛西店の例は、このやり方に繰り返し挑戦した結果である。

私たちの研究では、シニアが不便や不満を感じ自覚し始める時期と、ある商品群がマーケットボリュームとして現れてくる時期に、ズレがあることもつかんでいる。

先ほど紹介した老眼鏡の例では、自覚率は42～43歳あたりから急激に上昇し、男女とも50歳手前で半数に達している。

それにもかかわらず、実際に老眼鏡の使用者が半数に達するのは女性で54歳、男性に至っては62歳であり、5～10年もの間不便を感じながら老眼鏡を手にしていない。逆にいえばその間は、潜在的なニーズがある時期が続いているといえるのだ（図表1－8）。

図表 1-8 老眼の自覚率と老眼鏡の使用率

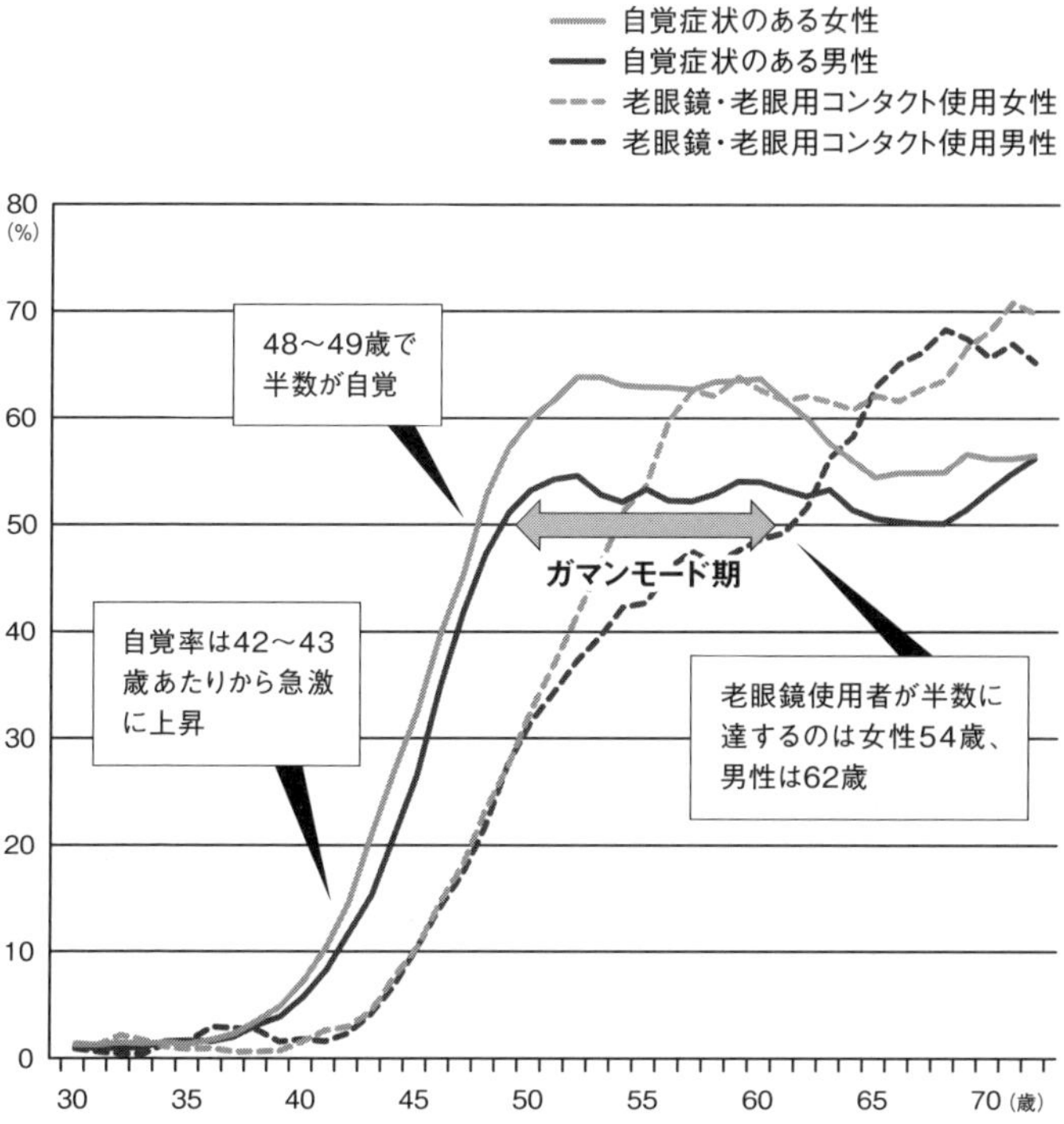

※<老眼の自覚率>ジェイアール東日本企画 jekiシニアラボ&VRエイジング・ラボ共同研究『身体症状に関する調査』2014年
<老眼鏡・老眼用コンタクトレンズ使用率>ビデオリサーチ『ACR/ex』2015年

こうした身体の不調を自覚しているものの、具体的な対処をしていない状態を私たちは「ガマンモード期」と呼んでいる。

これは、事柄によって差異が認められる。

同じく早い時期から表面化するエイジングイベントである白髪に対する対処は早い。すなわち、ガマンモード期が短い。

これに対し、ひざの痛みについては特に女性の場合、ガマンモード期が長い。「これくらいならどうにかなる」「深刻ではない」「時々だから」といった程度問題だけではなく、「どうしたらよいのかわからない」「本当に効果があるのか不安」「対処したが効果がなかった」といった対処方法やその効果に関する情報が十分でないことが影響している。

そのため、「歩けなくなった」「階段が上れなくなった」などといった症状の深刻化に至るまで、ガマンを続けてしまう。裏を返せば、マーケットチャンスが長い間放置されていたと考えられる。

こうした様子見期間＝ガマンモード期にいかにうまくアプローチするかが、マーケット攻略の突破口となる。

シニアにとって見やすいCMとは？

他方、広告制作において気をつけなければならない問題も起こり得る。

動体視力は60歳を過ぎると急激に落ちることがわかっている。シニアマーケティングにおいてテレビは引き続き極めて有望な媒体だが、動体視力の衰えを考慮してCM素材を作成しないと、どれだけ露出しても見る側の動体視力では追いつかない、という現象が起こりかねないのだ。

私たちが行ったCM視聴時のシニアの目の動きの調査では、54歳以下と55歳以上では、後者のほうが目線の動きがやや遅く、さらに60歳以上では注視できる視野、範囲も狭いことがわかった。

また、動画中のテロップをとらえることも遅くなりがちで、表示される位置や時間の長さによっては認識する前に時間切れになることも考えられる。

シニアに訴求する際には、こうした動体視力の衰えを考慮しながらCMを制作する必要がありそうだ。

負のイベントが引き起こす人生の「引き算感」

シニアならではの特性としては、ライフイベントの量と質の変化に伴う心の変化も重要である。

加齢に伴って自分が主役のライフイベントは減っていく反面、親や配偶者、親しい友人など、身近な人を見送るという「負のイベント」が増えていく。

また、**自分自身の病気や健康診断のよくない結果、さらに年齢の大台到達などといった出来事をきっかけに生まれるのが、「自分にはあと何回できるのか」「あと何年残されているのか」「あと何年生きなければならないのか」といった「引き算感」あるいは「逆算感」である。**

元気なうちにあと何回旅行に行けるだろうか。あと何回おいしい食事ができるだろうか。クルマを買い換えるのはこれが最後だろうか……。

シニアの中には、こうした引き算や逆算の結果、財布の紐を急に緩め始める人がかなり存在している。これまでの我慢から自分を解放し、どうしても見てみたかった世界遺産にビジネスクラスに乗って向かう、豪華クルーズ船の旅に出る、といったケースだ。

経済的に裕福だからではない。これが最後の機会になるかもしれないなら、丈夫なうちに、後悔のないように思いっきり楽しみたい。自分たちだけでなく、子どもや孫、知人などへの贈り物にもお金を使いたい。そんな思いに、心が動かされる人たちがいる。

ただ、シニアすべてがそうだとは限らない。私たちのインタビューに「あと20年は生きそうだから、動けるいまのうちに自宅をバリアフリーにリフォームした」と答えた人がいた。「人生の引き算感」を、残りの人生をつつがなく過ごすために一段と財布の紐を締めたり、保守的な方向に使うという、まったく正反対の行動のきっかけにするシニアも存在している。憂いを備えに転換して、最終的に安心に転化させる方向での消費をする人も存在するのだ。こうした人たちにはむしろ、フィットネスや健康関連商品（健康食品・サプリメントなど）、老後に備えたリフォームや住み替えなどが響く。

これは、シニアにおける価値観の違いを表す好例といえる。価値観の考察は、第2章のメインテーマとなる。

こうした「人生の引き算感」は、多くの現役世代には、自分ごととしてはなかなか持ち得ない感覚だろう。**自らのさまざまな「終わり」をリアリティを持って意識することで初めて生まれてくる感覚だ。**

このシニアならではの感覚を上手にすくい上げることができれば、大きな商機が待っている。引き算マーケティングの考え方自体は決して目新しいものではないが、これまでのシニアマーケティングではうまく使い切れていなかったといえるだろう。

過去体験の多さが導く「心のゲート」

シニアの特性を理解するもうひとつのポイントは、**自身の豊富な過去体験が現在の消費に対して及ぼしている影響だ**。

人間は誰しも、新しい文化や価値観を積極的に吸収しやすい時期がある。典型的には、10代から20代にかけての時期だ。新しい経験や好奇心などによって吸収したことは心に刻まれ、その人の価値観を形成する要素となり定着する。時を経て、何かをきっかけにまた刺激を受けることで、その刻まれた内容が、新しい価値観を受け入れて書き換わっていく。

これはまるで、開いたり閉じたりする扉のようなものだ。私たちはこれを「心のゲート」と名付けた。

シニアは重ねてきた経験が多い分、「心のゲート」が開いたり閉じたりすることも多いのだ。**シニアへのインタビューの中でよく聞かれるのは、過去にやってみて楽しかったこ**

とをもう一度したい（アゲイン）という気持ちだ。

シニアとなって、物理的時間の余裕が生まれると、何かしたいというだけでなく、何かしないことには、時間が埋まらないという問題にも直面する。そこで、自分が若かったころに取り組んでいたモノやコトを思い出すのである。

具体的には、楽器やスポーツなどだ。もう一度ギターを学びたい、バンドを組みたい。スキーを満足に滑れるようになりたい。そのような形で、若いころに流行したブームが再び起きやすい。

ポール・マッカートニーやローリング・ストーンズ、矢沢永吉など、往年の大物アーティストの公演が、かなりチケットが高額にもかかわらずシニア世代の観客で埋め尽くされ、大成功を収めているのも、「心のゲート」消費のなせる業《わざ》であろう。シニアは、馴染みがあって安心でき、心地のよいものにお金をかける傾向がある。

価格競争で苦戦するファストフードも、シニア世代にとっては、まさに青春時代に初めて日本にやってきた、憧れの欧米の新しい食生活の象徴である。時代や年齢、世代の違いなどから戦略を再構築することで、ファストフードからは縁遠いと思われがちなシニア層が、再び得意客になり得る。

「心のゲート」消費は、回顧することによる再開、いわゆるノスタルジー消費だけではな

い。**再挑戦（リベンジ）につながることもある。**

例えば、カメラだ。かつて一眼レフカメラは極めて高級な機材で、現像の手間暇なども考えると実際に手にすることは難しかった。しかし、いまやデジタル化などによりごく身近な存在になっている。もう一度、挑戦をし直してみようと考えても不思議はない。こうした再挑戦は、とりわけストイックな、会社人間としてガマンを重ねて生きてきたシニアには響きやすい。

さらに、**再挑戦をきっかけに新しい体験として従来の価値観が再構成され、上書きされることもある。**

いまの一眼レフカメラの例でいえば、シニアの大半はかつての銀塩フィルムではなく、最新のデジタルカメラを手にする。デジタルカメラは何度でも撮り直せ、現像の必要もない。思い切った構図を試せるし、撮影した画像をパソコンやスマホで加工、補正することも簡単だ。

その結果、作品をSNSなどで共有し、仲間との世界が広がることも自然にできる。単に昔、手が届かなかったことに再挑戦するだけでなく、パソコンやスマホを活用し、SNSという新しいコミュニケーション手段まで一気に行動が広がるのである。

現在のシニアはすでに「豊かな日本」の中で青春時代を送っているため、心のゲートもそれぞれの嗜好に応じてさまざまなかたちが考えられ、バリエーションも多い。その分だけ多様なアプローチがあり、思わぬチャンスが隠されているはずだ。

一筋縄ではとらえ切れないシニア

以上のような点がシニアに共通した特性であり、若い世代にはないニーズやウォンツを生む要因となる。

ただ、シニアの特性がどのような形で現れるかは千差万別である。

なぜなら、現代のシニアは属性や嗜好が複雑に混在する多様な集まりだからである。ニーズやウォンツは細かく分かれ、人によって多種多様だ。そもそも私たちが定義しているシニアの年齢は55～74歳と20歳ものレンジがある。

50代ではまだ大半の人が働いていて、子どもが家にいる人が数的には多い一方、1割は仕事をしておらず、夫婦2人暮らしが2割に達している。

70代になると、子どもが独立し、自分もリタイアしている割合は高いものの、男性の約2割、同女性の約1割は働いており、子どもが独立していないケースも2割ある。

こうした混在ぶりは、他のデータからも明らかである。

シニア世帯の構成を20年前と現在とで比較してみると、すべての年代で3世代同居率が下がっているとともに、未婚の子が同居している率や、いわゆる「おひとりさま」シニアも増えている。離婚率や生涯未婚率の上昇、子どもの非婚率上昇などさまざまなファクターが入り組んでいるものと見られる（図表1－9）。

データからは、ハッピーリタイアメントを成し遂げた50代がいる一方で、いまだ子どものためにフルタイムで働かざるを得ない70代もいる、ということが透けて見える。ひと口にシニアといっても、実態は複雑なのだ。

「現代シニア」の論点整理

本章のまとめとして、データとその分析から得られた現代シニアの姿を整理すると次のようになる。

- 年齢にとらわれず、「若々しい」生活を望んでいる
- 気持ちは、実年齢よりも約8歳若い
- 身体的にも10年前の同年代より10歳若くなっている

図表1-9 世帯構造の変化

1996年

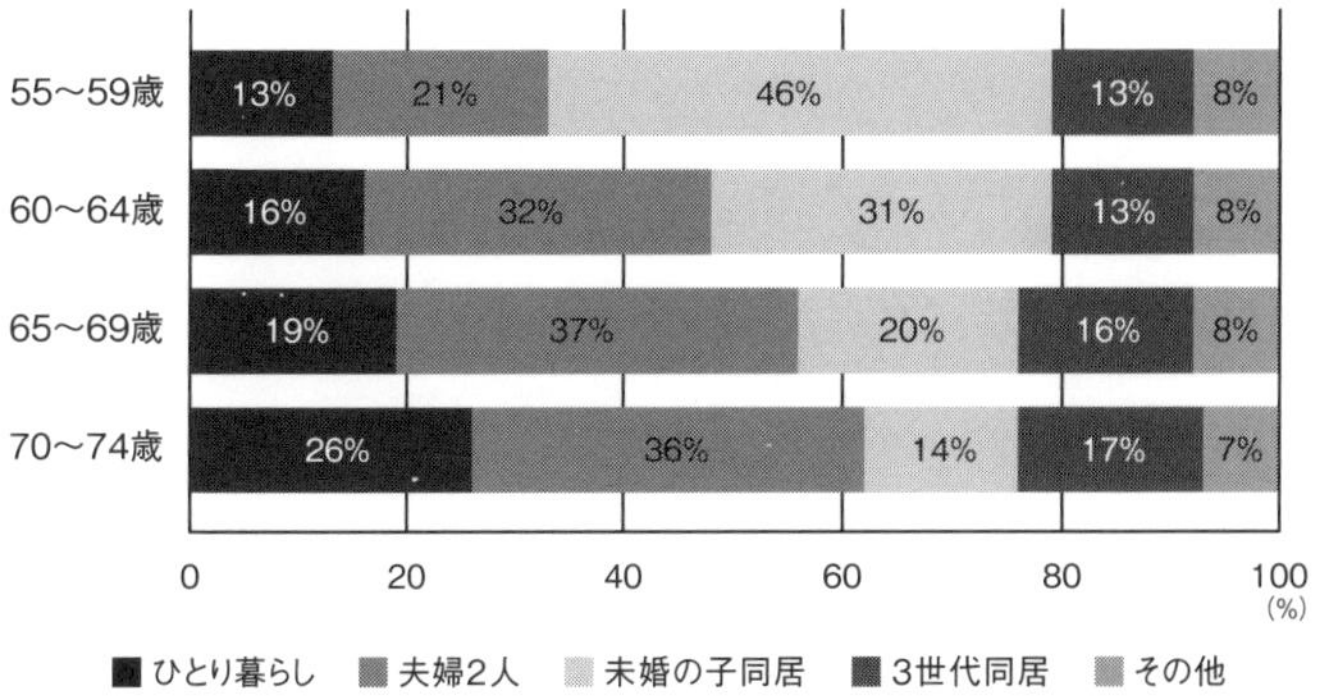

2015年

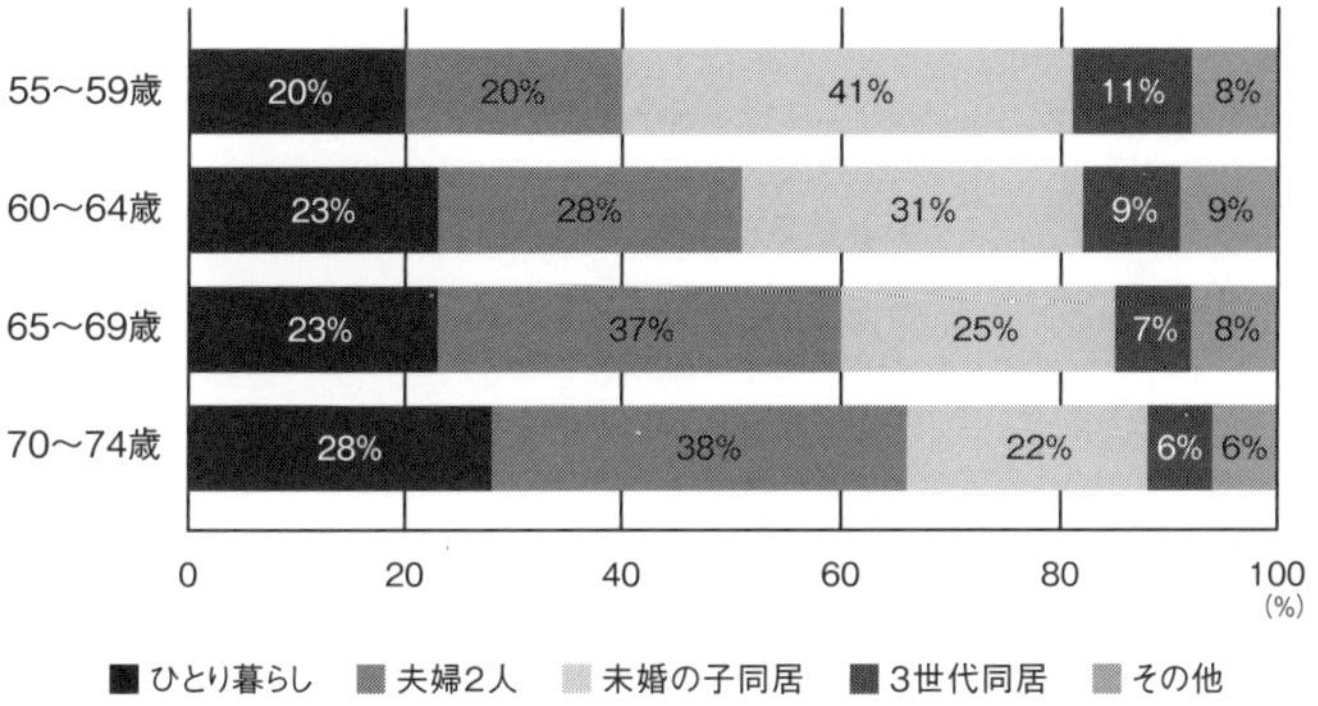

※厚生労働省『国民生活基礎調査』

・他の年代よりマス４媒体への接触率・接触量ともに多く、情報源としても機能している
・ネットは他年代に比べ弱いが浸透は進み、70代前半でも半数はネットユーザー。ネットショッピングユーザーもここ10年で3・6倍に増加している
・身体の老化現象に伴い、「不」の解消・緩和欲求はキャッシュポイントとなる
・残り時間への「引き算感」や「心のゲート」の刺激にビジネスチャンスがある

複雑化し、選択肢の増えた時代を生きてきた現代シニアは、かつての「お年寄り」のような保守的な価値観を強く持っているグループとは断定できず、年齢的な定義だけでは読み切れなくなってきているところが難しい。

内閣府の調査でも「女性は子どもができても、ずっと職業を続けるほうがよい」と答えた人の割合は、20代は70代とほぼ同じで、60代のほうがむしろ進歩的ともいえる（図表1－10）。

第1章では、現代シニアがかつてとはどう違うのか、その全体的な傾向を見てきた。第2章では、ひとくくりにできない複雑な現代シニアをどのように分類していけば、シニアマーケティングの武器となり得るのか、私たちの考えを述べていきたい。

図表 1 - 10 「女性は子どもができても、ずっと職業を続けるほうがよい」とする割合

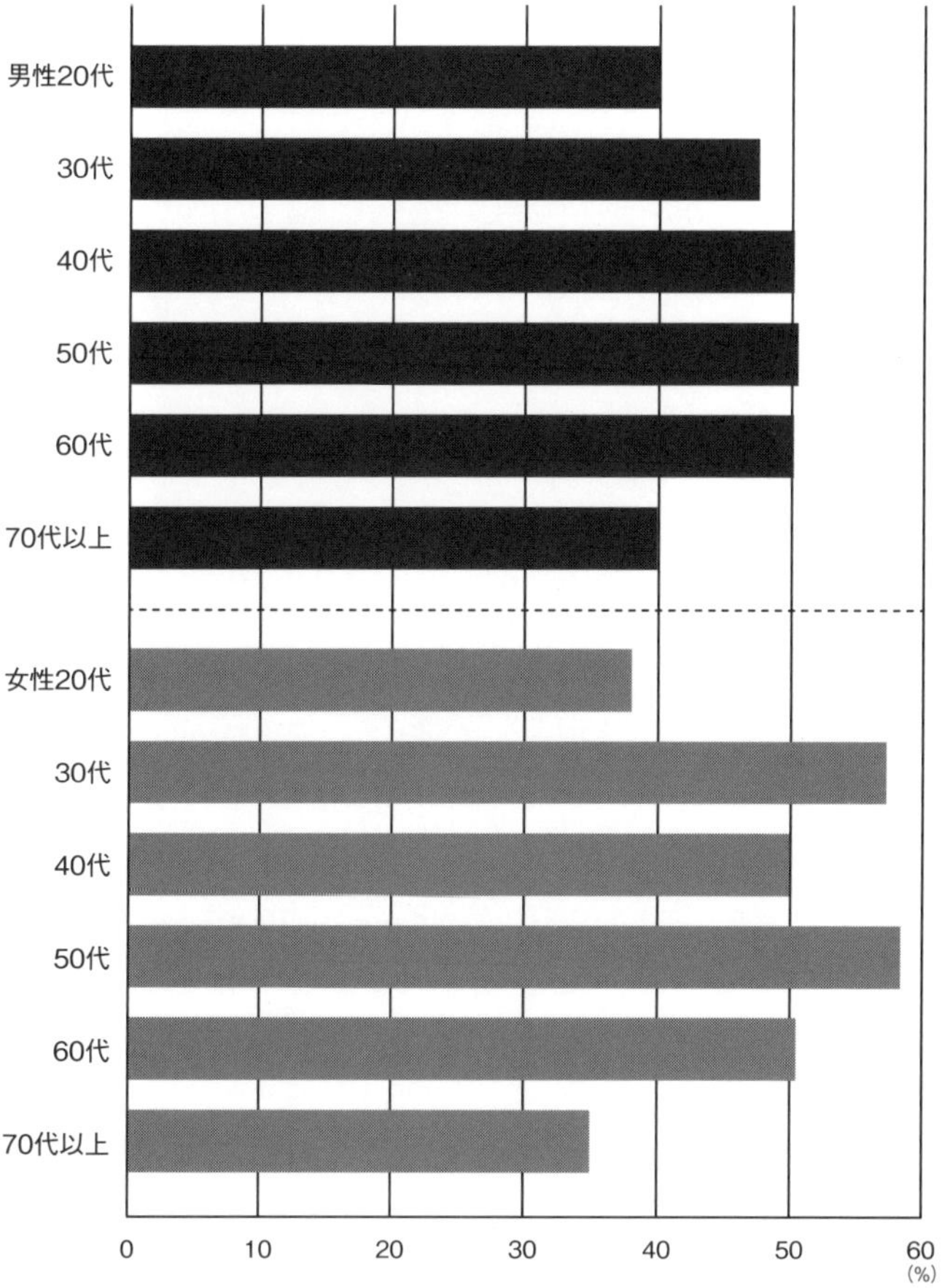

※内閣府『男女共同参画社会に関する世論調査』2012年

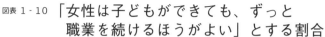

【事例1　イオンG・Gモール】

現代シニアは何を、なぜ買うのか？データと学問で読み解くヒットのヒント

イオンリテール株式会社　シニア商品部部長（元イオン葛西店店長）　杉原博文氏
シニア商品部　企画担当　倉田大介氏

イオングループにおける「シニアシフト」の最前線にあるのが、イオン葛西店だ。同店では数年前から、ビデオリサーチと協働でシニアの心をつかむためのさまざまな取り組みが行われている。杉原氏と倉田氏のおふたりにお話を伺った。

GMSにシニア層を呼び込め

東京・江戸川区。地下鉄東西線の西葛西駅から10分ほど歩いた住宅街で、シニアマーケットの可能性を切りひらく実験が行われている。

イオン葛西店。予備知識なく外から見る限りでは、特に他のイオンと変わらない、一般

的なGMSだ。店内に入れば、平日でも多数の来店客で賑わい、思い思いに買い物や飲食を楽しんでいる。

葛西店の目玉は、4階（最上階）フロアをまるごとシニアに向けて改装した「グランドジェネレーションズモール（G・Gモール）」だ。ここで先進的かつ革新的な施策を行い、シニア層の取り込みに成功しているのである。

イオンは2011〜13年の中期経営計画において、4つの成長分野にシフトすることを明らかにした。「アジアシフト」「都市シフト」「デジタルシフト」そして「シニアシフト」である。

高齢化していく日本。このマクロ環境の変化にどう対応していくのか。同時に、現代社会の中でGMSとしてどう勝ち抜いていくのか。

イオンはシニア層を「高齢者」としてとらえることをやめ、アクティブに人生を楽しむ「グランドジェネレーション」と定義し、取り組みを始めた。

そして2013年5月、葛西店が、シニアシフトの戦略を初めて具現化する場所として選ばれたのである。

商圏は昔ながらの住宅街で、かつて分譲マンションなどを購入したサラリーマン世帯がそのままシニアになっており、今後も増加が予想されている。しかし、以前は彼らを意識した品揃えができず、売上げは下降傾向にあった。一方で江戸川区は子育て支援制度が手厚く、若いファミリー層にも人気が高い。

シニア向けに思い切ってシフトして本当にいいのか、期待と不安の中でリニューアルが始まった。

わざわざ行きたくなる、居続けたくなる店づくり

葛西店の4階に来ると、まさに何もかもが既存のGMSの店づくりとは異なっている。内装は木目調の落ち着いた雰囲気で、ホテルのロビーのようにゆったりとした空間。そして、時間に応じBGMとして懐かしい年代の音楽を流している。

無料で休憩できる座り心地のよい椅子が多数用意され、集客の中核として70坪の広いカフェ、カルチャースクール、イベントスペース、大型書店などがある。さらにその周囲を歯科医院、リラクゼーション施設や整骨院、ファイナンシャルサービス、旅行代理店、楽器店などが取り囲んでいる。

「グループ企業である未来屋書店の店づくりや、直営カルチャースクール（イオンカルチャー）、現在は子会社の基幹事業のひとつになりつつある大型のカフェ、シニア向けにコンパクトにまとめた『スポーツオーソリティ』の小型店舗など、この場所が第1号となったケースがたくさんあります」

現シニア商品部部長で、G・Gモールの立ち上げ当時葛西店店長だった杉原博文氏はこう語る。

杉原氏がリサーチを通して商圏内で見かけたシニアの日常は、居心地よく集まれる場所を持てないまま、ファミリーレストランや喫茶店、図書館や公園などの公共施設、そしてGMSなどあちこちを渡り歩きながら時間を潰している姿だった。

モノを買うだけのGMSでも、雑誌や本に目を通すだけの図書館でもなく、**空き時間が増えた中で「行きたい」という明確な目的を持って来店してもらい、コトを楽しみながら長い時間を過ごせる場所をつくるという基本方針が固まった。**

こうして、カフェやさまざまな専門店のほか、毎日必ず何かの催しを行うイベントコーナーが企画された。

エスカレーターの周りにモノを陳列せず、かといってただ広々としているのでもない、ゆったりとして居心地がよく、自然に人が集まれる「ギャザリング」と呼ばれるスペースづくりも、実は葛西店が初めてだ。

この考え方は、現在同社の新型店舗である「イオンスタイル」などの店づくりも取り入れられている。

少しおしゃれをして、気分転換や、日々の生活におけるメリハリとして来店してもらい、人の目に触れながら自分を楽しんで過ごす。そんな提案が受け入れられ、来店客数、滞留時間は順調に伸びていった。

葛西店の商圏である半径2キロの高齢化率は約17％だが、実際の来店者におけるシニア比率は約26％で、G・Gモールの開店前よりも大きくアウトパフォームしている。店内滞在時間は1・5倍になった。

イベントステージでビートルズ関連の催しを開き、店頭でハイレゾ音源を流したところ、数十万円のアンプが売れた。秋葉原のオーディオ専門店で買い求めるようなものが、住宅街のイオンで売れたのである。

こうしたケースは、本文で述べた「心のゲート」理論と密接に関わっていると私たちは見ている。

小分けを好まないシニア

ＧＭＳである以上、せっかく来店してくれた顧客には、モノを買っていただきたい。集まってくれたシニアは、何を、どうすれば買ってくれるのか。現場では、実際に来店してくれたシニアに商品を選んでもらうことの難しさにも直面したという。

Ｇ・Ｇモールの立ち上げ当初から携わっている倉田大介氏は次のように言う。

「これまでのＧＭＳは、マス向けの小売ビジネスをしていました。その中で商品施策をシニア層にシフトしていくのは、机上で考えたよりもはるかに大変なことでした」

わが国最大の小売企業集団・イオングループに、ある意味、ないものはない。ＧＭＳはすべての顧客、すべての年代をターゲットとするビジネスモデルである。それに慣れ、しかもいまだシニアではない現役層の社員が、どのようにシニアの気持ちに寄り添い、売れ筋を発見していくのか。そこにはさまざまなトライがあった。

例えば、シニアといえば少食になり、小分け販売が有効であるという仮説があった。実をいうと、当時すでにイオンリテールと取材やセミナーへの参加などを通じて交流のあった私たちは、「小分け理論」に否定的だった。

ただ、GMSという業態ではそうしたオペレーションのほうが、シニア向けビジネスとしては取り組みやすかったという。

結果は、総菜や食材でもモノによって反応がまったく違うことがわかった。

「シニアは経験豊かであり、何が保存できて、何が保存に向かないかをよくご存じです。**日持ちのするものや、お値打ち感の強い商品については、むしろまとめ買いが好まれる傾向がありました**」（倉田氏）

「ワインの小瓶販売もよい結果にはつながりませんでした。1回当たりの消費量は減っても3食を家でとり、平日の昼間からでもお酒を楽しむことができるのがシニアのライフスタイルです。結果として小瓶は割高感から敬遠され、むしろフルボトルが選ばれたのです」（杉原氏）

杉原氏は鮮魚担当が長く、シニアの間で和食が見直されていることに手応えを感じていた。そこでシニア向けとして本格的な夕食のための質の高い鮮魚にこだわってみたが、反応は薄かった。

和食へのニーズはもちろんあるが、想像する以上に洋食への志向も強かったのだ。シニアは肉類をあまり好まないという説があるが、実際には脂身の多い肉こそ敬遠されがちなものの赤身の肉は好んで買い求められていることがわかったという。

洋食志向がよりはっきり映し出されたのは、朝食向けの食材であった。

「驚いたのですが、シニアには、朝食向けのパンやジャム、シリアル、ヨーグルトなどもよく売れました」（杉原氏）

現代シニアの食生活はすでに成長期から洋風化が進んでおり、新しいもの、おしゃれなものとして受け入れてきた。そのため**食へのこだわりは、必ずしも和食だけでなく、洋食にも発揮されているのだ。**

2万円のカバンが、70万円の杖が売れる!?

G・Gフロアは開業4か月後に一度改装を行い、当初は55歳以上と設定していた対象年齢を、よりわかりやすくするために65歳以上に変更した。

同じタイミングで私たちとの協働研究がスタートし、65歳以上が好むモノ・コトの展開について、最新のマーケティングデータ、確度の高い仮説に基づくアドバイスを始めた。

「シニアだからといってダサいものはダメ、というアドバイスが新鮮で、その方向に舵を切ったのが大きなポイントでした」（倉田氏）

デコルテ（首まわり）への視線をそらすアクセサリー、保存容器、シニア女性が好む『レスポートサック』のバッグ、有機野菜や健康飲料……。さまざまな提案の中で、小売のプロたちを驚かせるものがいくつも見つかった。

例えば、2万円前後と価格は高いが、歩いている途中、杖の代わりにもなる『スワニー』のショッピングカートや、1万円前後が中心となっている『タムラ』の補正下着。

靴にも売れ筋がある。現代のシニアは健康志向によって運動への欲求が高まっている。ところがシニア向けのコンフォートシューズに決め手となるものがない。そこで私たちは『リゲッタ』のシューズを推奨した。価格は6000～7000円。

さらに、以前から探していたというシニア向けの軽いカバンとして、『ヤマト屋』のバッグを提案した。私たちのマーケティングデータからは非常に有望であることがわかっていたからだ。こちらの中心価格帯は1万～2万円台である。

「一見して、どれも高いという印象を受けました。**GMSの売り場で一般的に売れる価格の数倍以上で、本当にこの価格帯の商品が顧客に受け入れられるのか、半信半疑でした**」（杉原氏）

だが蓋を開けてみると、非常にいい反応だった。『リゲッタ』の靴は、葛西店1店で週に50万円に迫るほど売れたのである。

どれも顧客の反応がよかっただけでなく、顧客から「なぜこの商品がイオンに置いてあるのか?」と逆質問されるようになった。彼らはその存在を知っていたのだ。

「シニア層向けの商品選定、特に女性向けのツボは、現役世代でしかも男性の多いイオンの担当者にはなかなかわからない感覚だったのです」（杉原氏）

「非常に参考になったのは、エイジングイベントと消費（キャッシュポイント）の図表

（44～45・49ページ）です。バイブルといってもいいくらいここからアイデアをたくさんもらって成功例を見つけ出してきました」（倉田氏）

加齢に伴いさまざまな「不」が発生し、対応のために消費を始める。この図表の中では、65歳以上で漢方薬やサプリメント、健康食品へのニーズが高まってくるであろうことも指摘している。

葛西店には2階に薬局があるが、G・Gフロア改装後も特に目立った売れ行きは示していなかった。そこで、専門の知識を持ってきちんと説明できる人員を配置すれば売れるとアドバイスしたところ、試験的に薬剤師が配置された。

「すると、漢方薬の売上げが、全国のイオンでトップになってしまったんです」（杉原氏）

葛西店の規模は、イオン全店で全国中位レベルであり、単一のジャンルとはいえ1位を取ることは考えにくい。

知る人ぞ知るものだけでなく、相談しながら選べる売り場をつくることで売れるものがある。シニアにコト、モノを売るには、一つひとつに理由や背景があるのだ。こうした成功が、新しい取り組みに結びついた。

「足腰の衰え」というエイジングイベントに直面すると、シニアはそれを解消し、出かける楽しみを追求するための「杖」を求めるのではないか、というヒントが浮かび上がる。

もちろん、小売業としても、顧客が外出しやすくなればなるほどプラスに働く。

現在、葛西店と、同じくG・Gモールを展開しているイオン八事店（名古屋市）の両店で、『ファンタステッキ』という高級ステッキの専門ショップが設置されている。素材だけでなく、色や模様、スワロフスキーのクリスタルグラスを施したものまで揃えており、自分の好みに応じてカスタマイズした自分だけの杖をつくることもできる。

同時に、シニアの相談に応えられる専門の販売員を常時、置くようにした。しっかりとした教育を施し、商品の製作現場にも研修に派遣した。

こうした対応は、人件費がかかりすぎ、価格競争力を弱めてしまうとして、通常のGMSの現場では行われない。売る側も買う側もセルフがGMSの大原則である。

しかし、イオン八事店における杖の売上げは10倍に急増した。

「セルフ主体ではないため、杖の売り場ではあえて価格POPをつけていません。**もっとも高い商品は70万円です。それでも、お客さまのニーズや疑問に対して親身に相談に乗**

り、販売員がしっかり受け答えできて、しかも自分だけのオリジナル商品をカスタマイズできるとわかると、想像以上に高価格でも買ってくださるのです。価格以上の価値をお客さまが感じ取ってくだされば、高いものでも購入につながります。これまでのGMSでは見られない形の売れ方です」（杉原氏）

葛西店では各フロアにコンシェルジュを配置しており、これはさまざまな取り組みによって集まってきたシニア顧客から好評を得ただけでなく、彼らの反応や意見を吸い上げ、さらに顧客同士の交流や情報共有、「これがよかった」「あれがおいしかった」といった推奨が生まれやすい売り場づくりへとつながっている。

百貨店より品揃えも商品知識もいいと口コミで話題になり、さらに顧客の呼び込みに効果が現れた。

葛西店の商圏はせいぜい2キロ四方だったが、杖や『リゲッタ』の靴や『スワニー』のキャリーバッグを求めてわざわざ他県からやってくる顧客まで現れ始めているという。

シニアビジネスに「手本」はない

シニアビジネスでトップを走るイオンには、特有の難しさもある。イオンで売れ始めたものはすぐ他社に知られてしまうため、常に変化をつかみ、先回りして新しい品揃えを充実させなければならない。

「イオンでしか売っていないものを、イオンでしかできない体験で売ることそのものが、イオンにわざわざ来ていただく価値になると実感しています。これまでビデオリサーチと協働で研究してきたことを参考に、愚直に売れるモノ探しをしていきたいですね」(倉田氏)

「実態と乖離していると考えざるを得ないシニアマーケティングも多い中で、ビデオリサーチとの協働は、データと学問に立脚していて、しかも両者がつながっています。具体的な結論や、どの商品を売ればいいのかまでが一気通貫ではっきりわかるところに魅力を感じているし、実際に結果が出て納得しています」(杉原氏)

私たちとしても、全国規模であらゆるジャンルのモノを販売し、しかもビビッドな動きの変化をいち早く体感できるイオングループとの協働は、シニア研究の貴重な実践の場であり、大きな力となっている。

イオンリテールは、杉原氏のもとでシニア担当チームの人員を増やし、仕入れから販売に至るまでシニアビジネスの考え方を反映した体制づくりがますます加速している。今後は、葛西店や八事店で得られたノウハウを、全国に水平展開していくという。

ＧＭＳとしては、ネットビジネスや専門店との競争もますます激化していく。ただ安いだけ、同じものを売るだけの展開では必ず限界が来る。

それゆえ、品揃え、店づくりの両面で、これからもさまざまな挑戦が繰り返されていくだろう。公共セクターと協業しての住民の集まる場所づくり、治安や健康に関連したさまざまな「モノ」消費の模索など、コラボの対象となるテーマは山積みだ。

「日本の小売業は、いままで欧米の成功例を手本にしていればよかった。しかし、先進国でここまで高齢化が進んでいる国はありません。参考になるようなモデルは、世界のどこにもない。自分たちでつくっていくしかないのです」（杉原氏）

最近は、来店するシニア向けのさまざまなビジネスと並行して、介護を必要とするシニアを「サポートシニア」と規定し、私たちとともに家庭の現場を訪問してデータや知識の蓄積を行ったりしている。

２０１６年12月、これまでの知見をもとに、葛西店は再度リニューアルを行った。シニア向けスペースを更に拡大し、1階とG・Gモールのある4階の開店時刻を1時間早めて午前7時とし、「朝活」イベントの拡充などを行った。また、伝統工芸品の売り場やアミューズメント施設なども投入している。

思いと理想は大切にしながら、希望的観測や先入観をできるだけ排除し、本当にシニアが求めているモノとコトを提供していく。イオンの挑戦と先進的な取り組みは、大半の消費者がシニアになるなかで、よりよい社会づくりに貢献していくはずだ。

第2章

多種多様なシニアは「価値観」で分解できる！

これまでのシニアマーケティングがうまくいかなかった理由

シニアを読み解く何らかの新しい切り口が必要なのではないか、という議論がシニアマーケットが意識され始めた2000年ころから盛んに行われてきた。しかし、ややもすると、年齢によるライフステージや表層的な現象ばかりが重視され、その奥にあるものの理解が不足していたのではないだろうか。

第1章で見てきたとおり、すでにシニアには多種多様な価値観の違いが複雑に混在している。シニアの中に共通点は存在するが、ひとくくりにした先入観に基づくシニアマーケティングは、失敗に終わる可能性が高い。

デモグラフィックを切り口としても、シニアを意識し始める下限をおおむね55歳、自由に消費できる上限をおおむね74歳とすれば、年齢のレンジは20年もあることになる。そのうえ、同じ年代の中でさえ、個々の家族構成からライフスタイルまでさまざまで、その行動を一様に考えることは危険だ。

多種多様なシニアを分解、分類し、心をつかむマーケティングにつなげるために、何を切り口にしたらよいのか。私たちにとっても試行錯誤の連続だった。

「アクティブシニア」という言葉

シニアマーケティングについて考えた経験がある方なら、「アクティブシニア」という言葉に接したことがあるに違いない。

アクティブシニアとは、シニア世代の増加と、団塊世代の大量退職が注目され始めた2000年ころから登場した概念だ。あくまでも概念であり、どんな条件をもってアクティブシニアとするのかについて明確な定義はないが、おおむねいつまでも若々しく、意欲的、活動的で好きなことにお金と時間を費やす、それまでのシニアらしくないシニアというイメージだ。

当時から、シニア層、あるいは間もなくシニアになる年代にそうした現象が見受けられたことは間違いない。ただ、それがどのような原因で起きたのか、またそうしたタイプが全体においてどのくらいの比率を占めているのかについては、あまり語られてこなかったのではないだろうか。

今回、本書で私たちが紹介するシニアのグループ分類の中で、**こうしたアクティブシニアのイメージに近い人の割合を先にご紹介すると、全体の2割もいない。**

したがって、いま述べたようなアクティブシニアのイメージをもとにシニアマーケティング戦略を考えても、シニアのごく一部にしか届かないことになってしまう。

私たちはここに、アクティブシニアという、秀逸かつビビッドな概念が持つ落とし穴を感じざるを得ない。**ニュートラルな目でシニア全体を眺めたとき、表層的にとがった動きを示す層だけを対象にしているだけでは、残りの8割以上はこぼれ落ちてしまう。**

マーケターとしては、市場で目立つ現象を眺めているだけでは多くの潜在顧客をとらえられず、いつまでも放置してしまう懸念がある。

多種多様なシニアをもっときめ細かく分類し、それぞれに適した戦略を考える必要があるはずだ。

団塊世代は革新的か？

そもそも、アクティブシニアという発想自体が、定義されないまま言葉だけひとり歩きし、やがて人それぞれのイメージが膨らんでいった感がある。それでは、現実に起こっているシニアの変化をいつまでもとらえられない。

今日のシニア層を考えるうえで、間もなく70歳に手が届く団塊世代の存在は、数的にも質的にも大きなインパクトを持っている。しかし、「団塊世代」と聞いてみなさんはどのようなイメージを持つだろうか。

第1章でも触れたとおり、団塊世代の本質的なインパクトは、長い戦争が終わったことで突如出現した同世代の塊である。つまり、世代の人口が多いことによって注目されてきた。

団塊世代の成長は、今日につながる戦後日本の成長・発展と軌を一にしている。終戦直後の混乱期の記憶は、幼すぎたためほとんどない。民主的な社会で経済が発展する中、さまざまな個人的嗜好が発揮でき、また多様な生き方が選択できる日本の中で成長した、初めての世代だ。

団塊世代と聞いて思い起こすイメージに共通するのは、生まれながらに自由奔放で、今日に至るさまざまな価値観のフロントランナーであり、政治的にも文化的にも多くのムーブメントを起こし、その後の世代に影響を与えた人たち、というものではないだろうか。

だが、**その理解は正しくもあり、間違いでもある。**

団塊世代の人たちすべてが、こぞってそのような生き方を選択したわけではない。親世代、つまり戦前・戦中の価値観で生きてきた人たちと同様の保守的な層も存在するし、革新的なグループと保守的なグループの中間くらいの人たちも存在する。問題は、その比率がどのくらいなのか、ということだ。

私たちが団塊世代の意識を探った調査の中に、いくつかそのヒントになりそうな設問がある。図表2－1は、団塊世代とその上下の世代に対して、夫婦別姓と、夫が外で働き妻が家事・育児に専念するという家族観について尋ねた結果だ。

「夫婦別姓でも構わない」という家族観が自分に「あてはまる」「ややあてはまる」と答えた人は、世代が若くなるにしたがって増え、反対に「夫が外で働き、妻は家事や育児に専念」という家族観が「あてはまる」「ややあてはまる」と答えた人は、世代が若くなるにしたがって減ることがわかる。

ここで注目してほしいのは、団塊世代とその上の世代（戦前・戦中に生まれ成長過程において何らかの影響を受けていると思われる世代）、およびその下の世代で、変化こそ起きているものの、その動きはゆったりとしたものであることだ。

とりわけ、団塊世代においても「夫婦別姓でも構わない」という考え方に「あてはまらない」「ややあてはまらない」と答えた人、「夫は外で働き、妻は家事や育児に専念」という考え方に「あてはまる」「ややあてはまる」と答えた人が、ともに3割程度存在し、そして「どちらともいえない」と答えた人もやはり3割強存在している。

同じような傾向は、「親子は友だちのような関係がよい」「老親は子どもが面倒を見るべ

図表 2-1 団塊世代とその前後の世代の家族観

＜夫婦別姓でも構わない＞

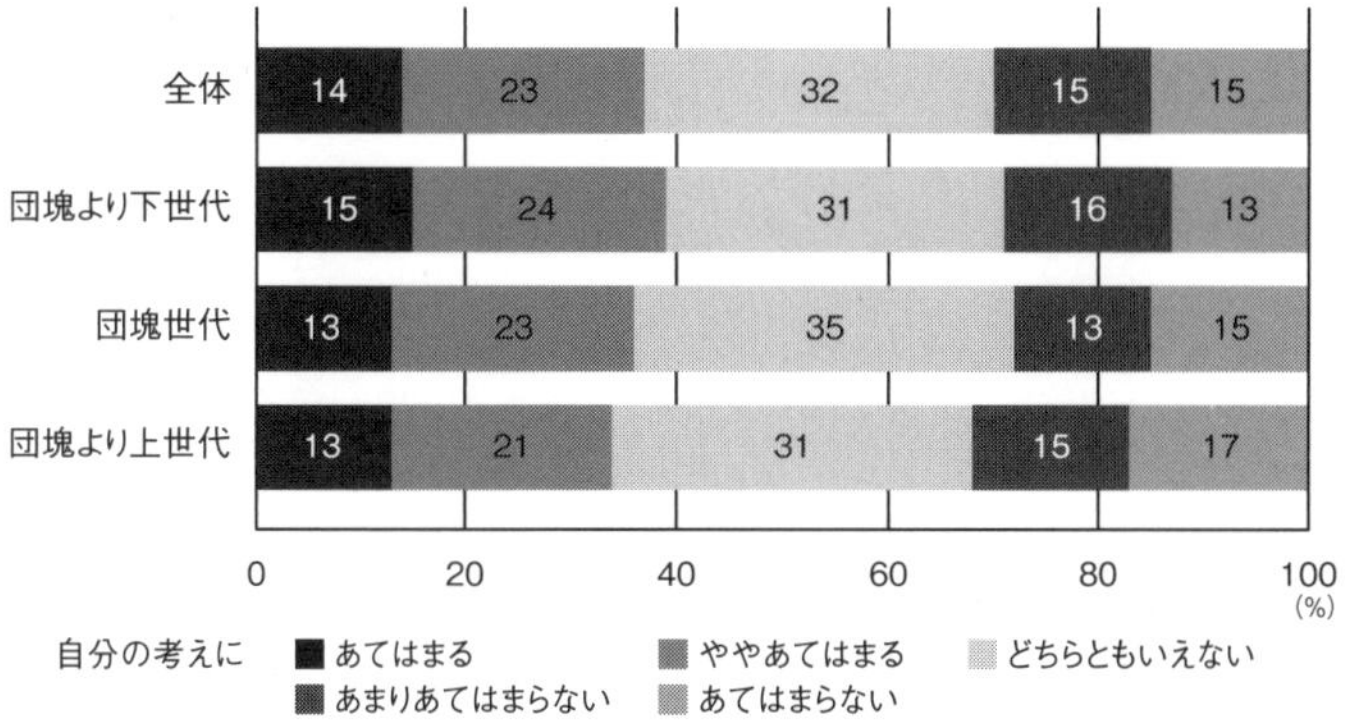

＜夫は外で働き、妻は家事や育児に専念すべき＞

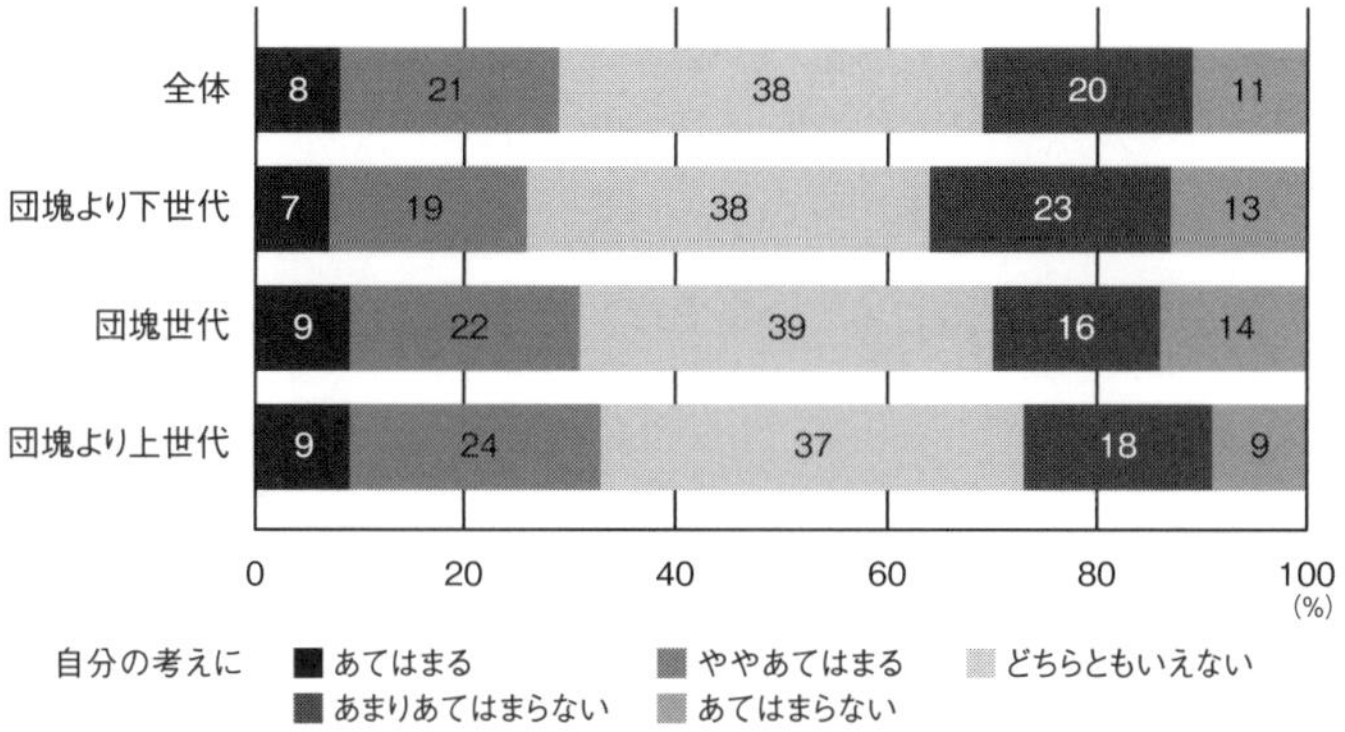

※ビデオリサーチ『シニア1000人調査』2013年

きだ」という家族観、あるいは「中元・歳暮は必要だ」「近所付き合いは煩わしい」といった人付き合い観においても見られる。

つまり、**戦後日本における革新的な世代の走りだと考えられている団塊世代であっても、考え方や価値観における保守、中庸、革新の各タイプはほぼ1：1：1の割合で存在しているのだ。**

結局、団塊世代に対する先入観や誤解が存在するとしかいいようがない。

いくら戦後の価値観を表す世代とはいっても、多くの子どもは成長の過程で親の影響を強く受ける。団塊世代の親世代はおおむね大正後期～昭和初期生まれで、戦前戦中に自らの価値観を形成してきた。子どもに同様の影響を与えていたとしても何ら不思議ではない。

団塊世代の本質は人数が多いことであって、出生時には約800万人、2015年時点においても640万人もの人数を擁している。ただ、その3分の1が革新的だったことで、200万人を超える、若くて新しい考え方を持ったグループが一挙に現れ、さまざまな社会現象の主役になってきたことになる。それ自体のインパクトが強かったことは想像に難くない。

だからといって団塊世代がみな、おしなべて革新的な価値観を持っていると考えることは、少なくともシニアマーケティングに関しては完全なミスリードであろう。

シニアはみな「孫がかわいい」?

もうひとつ、アクティブシニアとは異なる角度から、現代シニアの価値観の多様性を探ってみよう。

シニア消費を考える際、必ずといっていいほど「孫消費」が俎上にのぼる。

孫は無条件にかわいい、孫に対する消費は惜しまない。だからこそ孫の成長をターゲットにしたマーケティングが有効だ、というものである。

だが、**私たちが実際にインタビューしたシニア世代の間では、孫に対する気持ちの質と量、すなわちマインドシェアが明確に異なっていることが感じられた。**

孫がいるシニアは、誰しもが「孫はかわいい」という。ただ、その発言が「孫の存在が生きがい」であり、孫のためなら出費を惜しまずどんなことでもしたいという感覚なのか、「孫は大切な存在のひとつ」という感覚なのかによって、かなりの差異があるのだ。

私たちは、後述するグループごとに孫に対する意識を探った。

すると確かに、堰を切ったように孫の話題を語り始め、「孫の誕生会をしてあげた」「孫と毎年旅行に行く」「孫が乗れるように大きなクルマを買った」などといった、「孫消費」に直結する価値観の持ち主がいた。

それと同時に、聞かれなければ孫のことには触れず、聞かれても孫だからかわいいには違いないものの、それは他の家族や知人と同様に大切な存在のひとつという意味であって、少なくとも生きがいまでを孫に依存しているわけではない、という人たちもかなりいたのである。

こうした人たちに、孫のためなら無条件によいものを買い与えようとメッセージを発しても、反応は鈍いものになってしまう。

新しいシニアマーケティングの必要性

振り返ってみると、当社も含め、シニアマーケティングへの関心とニーズが一気に高まったのは2007年前後だった。団塊世代が60歳、つまり定年を迎え始めるというタイミングであり、支給される退職金の使い道を探るという意味で一定の合理性はあったのだが、実際のところ、マーケットにはそれほど大きなインパクトはなかった。

理由のひとつは、該当する人たちの多くが、再雇用や雇用延長によって引き続き働く道を選んだことだ。仕事に就いていた団塊世代で、このタイミングで実際にリタイアした割合は約4分の1でしかなかった。

もうひとつの理由は、リーマン・ショック（2008年）に端を発した世界的な金融危機の到来だ。消費そのものが冷え込んでしまい、シニアマーケティングどころではなくなってしまったのである。

現在は、それからほぼ10年が経過した。団塊世代は間もなく70歳となり、いよいよ本格的なリタイアの段階を迎えつつある。

さらに、団塊世代よりも若く、より新しい時代を過ごし、考え方も変化しつつあると思われる世代が、続々とシニアの仲間入りをしつつある。シニアマーケティングの真価が問われるのは、まさにこれからだ。

画一的な、ステレオタイプのシニア観を脱し、彼らが持つ多様な価値観やものの考え方と向き合い、それぞれに適したマーケティングの手法を考えていく必要がある。

私たちは高まるシニアマーケティングのニーズに対し、単にクライアントのリクエストに応えていくだけではなく、ビデオリサーチの持つデータとVRエイジング・ラボによる分析、研究と仮説をもとに、独自の提言をしていくことにした。

『シニア1000人調査』

こうして2013年、私たちは『シニア1000人調査』に着手した（図表2－2）。対象年齢は、これまで述べてきたとおり55歳～74歳の男女（東京30キロ圏）である。調査は大きく2段階に分かれており、まず定量調査として当社のモニターに登録している対象者に郵送で調査票を送り、1120人から有効回答を得た。

調査項目は、シニアマーケティングの基礎となる年齢や家族構成、金融資産・小遣いに加え、衣食、仕事、人との交流、情報やメディア、購買、健康や加齢、そして価値観や考え方などの生活意識である。

私たちはその結果から、価値観によってシニアがいくつかのグループに切り分けられないか検証、分析した。

続いて同年、定量分析の結果得られたグループごとに、それぞれの条件に近い対象者を抽出し、グループインタビューを実施した。

さらにその中からホームビジット（自宅訪問調査）も行って、デプスインタビューを実施。インサイトの発見やソリューション開発への応用を試みた。

図表 2-2 『シニア1000人調査』の概要

手法		対象者条件	サンプル数	エリア	期間
①定量調査	郵送調査	55〜74歳男女	有効回収 1120人	東京 30Km圏	2013年 6月
②定性調査	グループ インタビュー	65歳±3歳 定量で分類した 各クラスターの 中心から近い対 象者を抽出	各クラス ター× 3人× 男女		2013年 9〜10月
	ホームビジット による デプス インタビュー	グループインタビュー対象者 の中から適宜抽出			2013年 11〜12月

このように膨大な意識項目の調査によってシニアの価値観を探ろうとしたのは、生活者が最終的に消費行動を起こすには、性格に始まる心理的なセグメンテーションの階層があるという考えに基づいている（図表２－３）。

商品選択など日々の消費行動を左右するのは生活嗜好（消費や商品に対する態度、関心、意識、価値期待）であり、その生活嗜好を形づくっているのは各人の価値観と性格である。

このうち特に重要なのが、価値観である。性格は遺伝的な影響もあり、個人差が大きいためとらえにくい。しかし、価値観は特定の時代背景や社会環境の中で形成される側面が強い。そのため、シニアを価値観で分類・理解できれば、その後のマーケティング戦略の仮説が立てやすくなるはずだ。

私たちは、ここで得られた分類を「シニア価値観セグメント」と呼んでいる。

この調査の後、ビデオリサーチが行っている国内最大規模の無作為抽出による生活者データ『ＡＣＲ／ｅｘ』、およびその年齢拡大オプション調査である『Ｓｅｎｉｏｒ＋／ｅｘ』に搭載し、市場推計も行えるようになった。

図表 2-3 心理的セグメンテーションの階層性（ピラミッド）

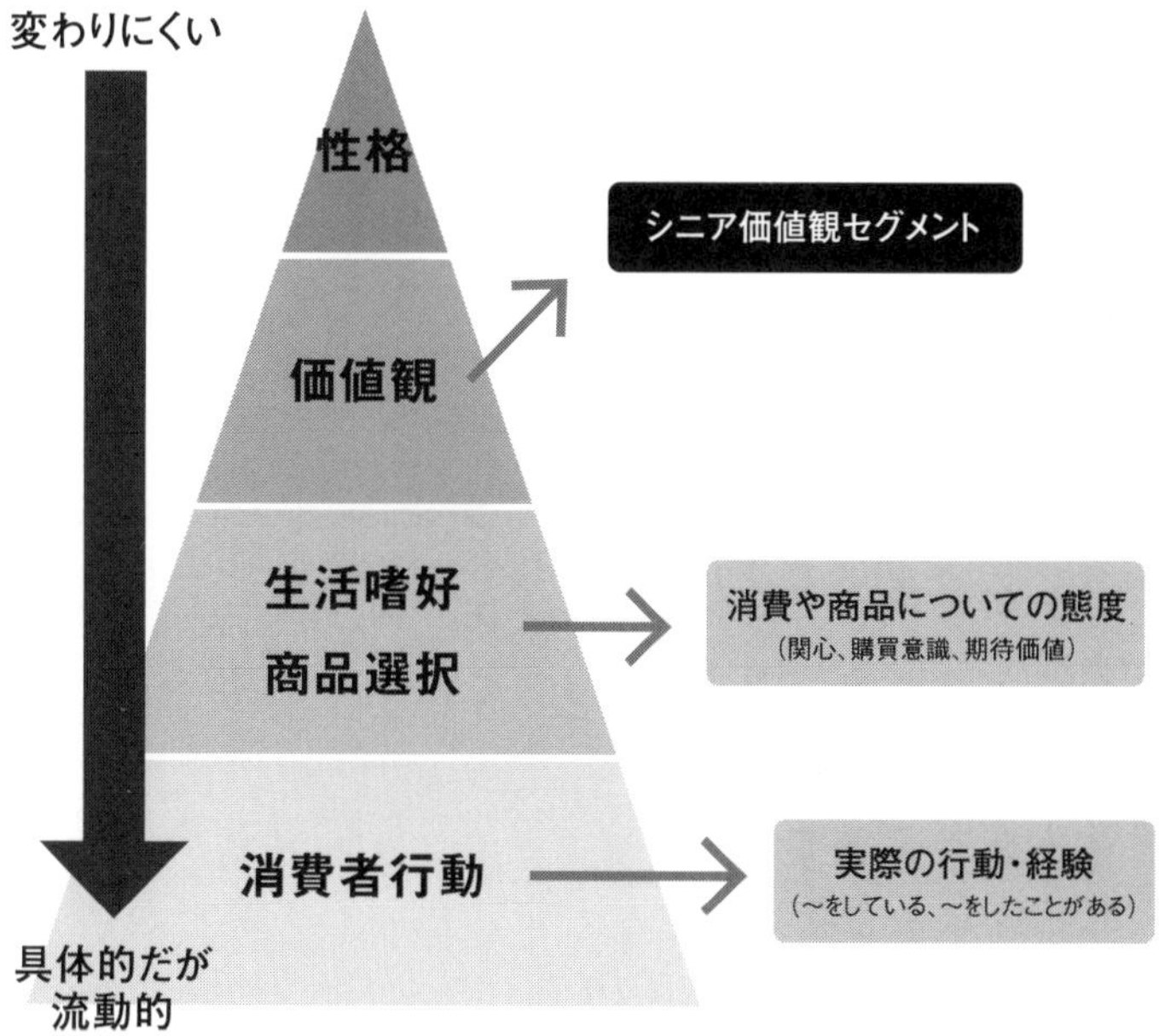

『1000人調査』で見えてきたシニアの生活意識

ここでは、『シニア1000人調査』の結果、男女別、年代別において浮かび上がったポイントをいくつかご紹介しよう。

まずは、生活全般に関してである。

シニアの満足感・不安感は、退職の前後で大きく変化する。退職前は不安感が高いが、実際に退職し、子どもの独立などを経ると次第に満足感のほうが高まっていく。この傾向は男性に顕著である。

今後の時間を誰と楽しみたいかについて、男性は「夫婦で」と考えているのに対して、女性の場合は「友人と」、あるいは「自分ひとりで」楽しみたいという意識が強い。

健康に対しては、男性のほうが長生きしたいという意識が強い。しかし、女性よりも食生活や食習慣に意識を向けていない。

その他、男女問わず年齢が高くなるほど、今後に備えたいという意識よりも、いまを楽しみたいという意識が強くなる。同時に、シニアだからといって、ゆとりや自分らしさを大切にしたいという現状維持だけではなく、夢や目標に取り組みたいという変化に対する積極的な姿勢が存在することもうかがえる。

家族やコミュニケーションに関する意識についても、いくつか特徴的な傾向が浮かび上がった。

シニアのほぼ半数は、自らの親としての権威や、「家長」としての夫の尊敬など、伝統的な価値観に基づく家族観を肯定的にとらえている。その一方で、旧来的な夫婦関係とは異なる「友だち夫婦」に対しても、同じく約半数は肯定的にとらえている。

周囲との関係性についての意識は、男女で大きく異なっている。

男性よりも女性のほうが、子どもや親、友人など周囲と広く関わっている。男性よりも女性のほうが友人に恵まれ、しかも友人との交流を広めたいと考えている。男性はリタイアすることで新たな交友関係を広げようと試みているものの、年代が高まるにつれてその意識は薄れていく。

さらに、消費や情報に対する意識を見ておこう。

第1章でも触れたとおり、シニアの実に9割が、「気持ちはいつまでも若くありたい」

「自分たちの世代は親の世代の同じときよりも若いと思う」と感じており、若さに対する意識が高い。これは、男性より女性のほうがより顕著である。

一方、男性には「自分の人生はまだまだこれからだと思う」割合が高く、見た目よりも残りの人生の充実に強い意識を持っている様子がうかがえる。

シニアの7割は定期的に健康状態をチェックしており、6割近くは定期的に運動もしている。また全体の9割が1日3食をしっかり食べることを意識していて、食そのものを楽しみのひとつとしている。

買い物に対する意識は男女で大きく異なる。男性は年代が若くなるほど買い物の際に下調べを行い、価格が安いことに魅力を感じる。中古品に対する抵抗も少なく、多くの選択肢の中から購入する物を厳選して買い物をしている。一方で女性は、買い物そのものを楽しみ、衝動買いするケースも多い。

男性は女性に比べ情報収集に対して積極的であるが、まわりの人との情報共有は女性のほうが積極的である。

新型アクティブシニアとポテンシャルシニア

以上のような結果を見ているだけでも刺激的であるが、私たちの目的は、価値観をもとにシニアをグループ化し、マーケティング戦略に役立てることだ。

そのため、生活の価値観をもとにさまざまな予備解析を行い、探索的因子分析を繰り返すことで質問項目を絞り込んでいった結果、１００を超える中から19の項目によって価値観のタイプが分類できることを見出した。

19項目から、最終的に抽出された6つの因子は次のとおりである。

▼経済的豊かさ欲求
▼友人とのつながり欲求
▼伝統的家族観
▼社会とのつながり不安
▼新しいものへの意欲
▼シンプル・スローライフ志向

これまで、シニアは伝統的・保守的で、若い世代と比べ意欲も行動もあまり活動的でないと考えられていた。

そこに、2000年ころからシニアらしくないシニア、積極的に消費し人生を楽しんでいるアクティブシニアの存在が認識され始めた。その後長い間、シニアは「アクティブシニア」か「アクティブでないシニア」か、の二元論で語られていた。

しかし、**『シニア1000人調査』から抽出された6つの因子への反応で明確に見えてきたのは、さらに新しい価値基準を持つ、いわば新型アクティブシニアの存在である。**

また、**変化や刺激といった新しい価値基準を潜在的に持っていながらそれを行動にまだ移していない、あるいはその手段を持たないポテンシャルを持つシニア（ポテンシャルシニア）の存在も確認できた。**

これらのことを、価値観の現れとしての行動（積極的か慎重・控えめか）と志向（伝統・保守を好むか変化・刺激を好むか）という2つの軸をもとに4象限で整理してみたのが図表2－4である。

従来の「アクティブシニア」と「（アクティブシニアではない）普通のシニア」は、行動（積極的か慎重・控えめか）の軸により区別することができる。しかし、「アクティブシニア」「普通のシニア」の中にも、志向（伝統・保守を好むか変化・刺激を好むか）の違いがあり、最近は顕在的にしろ潜在的にしろ変化・刺激を好む層が増えてきている。

そのことをこの2軸4象限は示している。

図表 2-4 シニアの価値観による分類（2軸4象限）

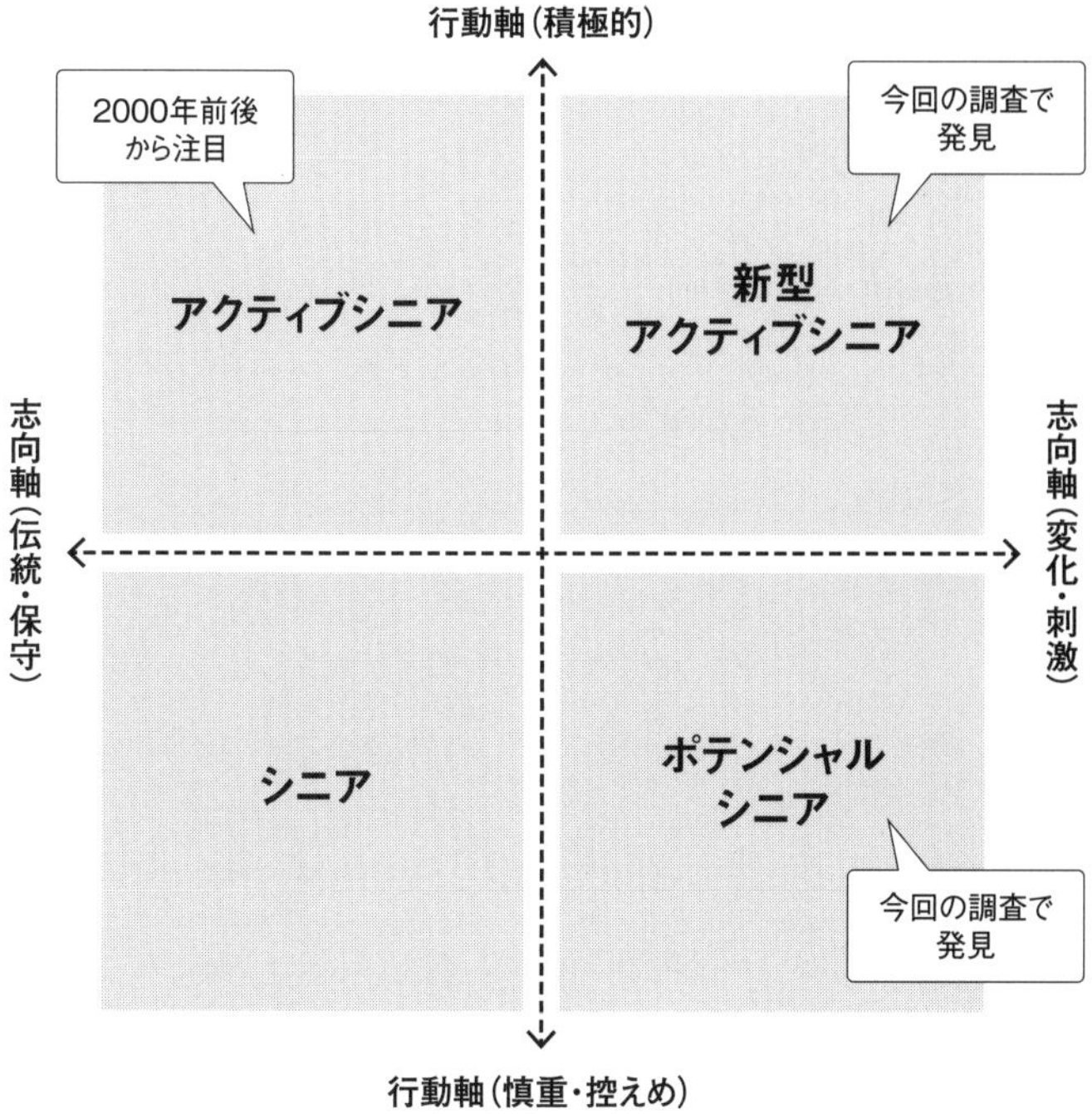

価値観＋インタビューで分類した6グループのシニアとは？

私たちは2軸4象限を設定するとともに、**シニアを分かつ19の価値観項目から現代シニアを特徴的な6グループ（セグメント）に分類する作業も進めた。6グループは、6つの因子に対する因子得点によって区別されたものだ。**

この6グループ（セグメント）の妥当性の確認とより具体的な知見を得るため、私たちはさらに定性調査を行った。

ひとつは、それぞれのグループの中心に近い対象者を抽出し、男女それぞれ3名ずつを実際に当社に招いて行ったグループインタビューである。

もうひとつは、より深い生活の状況を探り、生活者としての実感や感覚を具体的に掘り下げ、細かく確認、把握するためのホームビジット（自宅訪問調査）である。

こうした定性調査を経て私たちは、6つの各グループにそれぞれ特徴的なネーミングを付けた。その全体像を2軸4象限にプロットしたものが図表2－5である。

左下（第Ⅲ象限）にプロットされている「淡々コンサバ」は、いわゆる昔ながらのシニアにもっとも近いグループである。

図表 2 - 5 価値観によるシニアの６グループ（セグメント）

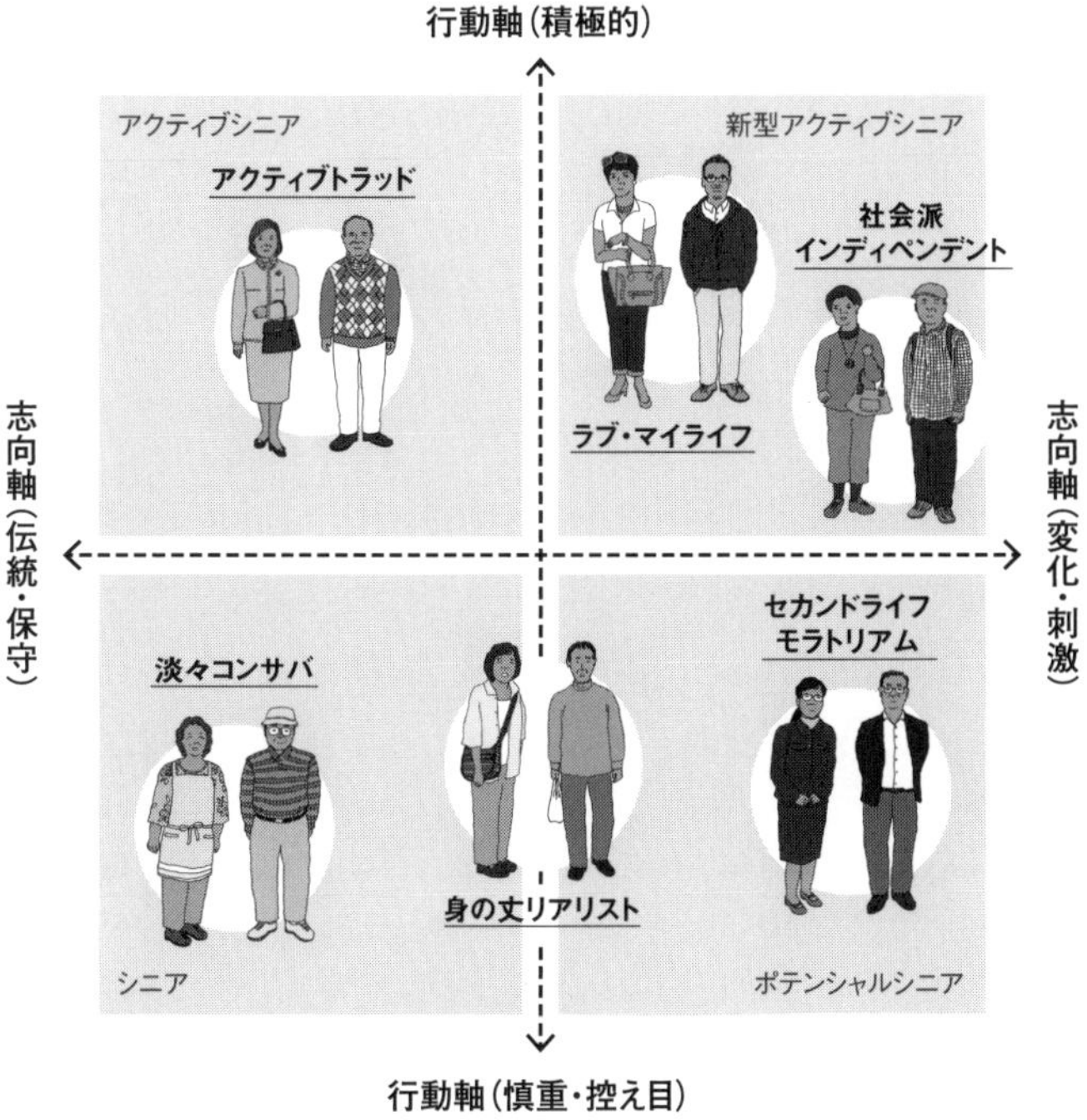

各グループのイラストはそれぞれのタイプにおける男女像を示しており、夫婦ではない。

その上（第Ⅱ象限）に位置している「アクティブトラッド」が、2000年ころから語られてきた「アクティブシニア」に近いグループだ。「伝統・保守」VS.「変化・刺激」軸のちょうど中間、かつ慎重・控えめなところには、「身の丈リアリスト」と名付けたグループが存在する。彼らは金銭的な不安感から考え方が形成されている。

これらに対し、右上（第Ⅰ象限）にプロットされているのが、『シニア1000人調査』を通じて私たちが見出した、新型アクティブシニアである。

新型アクティブシニアには、「ラブ・マイライフ」と「社会派インディペンデント」という2つのグループがある。これらはいずれも積極的で変化・刺激を好むが、両者の間には、消費や時間の使い方などにおける意識と行動が、自分に向けられているか他者（社会）に向けられているか、という明確な差が存在する。

そして今回、**私たちがもっとも注目したのが右下（第Ⅳ象限）に位置する「セカンドライフモラトリアム」と名付けたグループである。**

「ラブ・マイライフ」と「社会派インディペンデント」は、意識や行動の差こそあれ、変化や刺激を求めて自ら積極的に行動しているのに対して、「セカンドライフモラトリアム」は、変化や刺激を求めていながら、つまり現状を変えたいという意識はあるにもかかわらず、どうすればいいのか、どう変えればいいのかがわからない、というグループである。

彼らのうち、特に男性から漏れてくるのは、126ページのペルソナにもあるとおり「会社にいたほうがラクだったなぁ……」というため息だ。これはインタビューの中で実際に語られた言葉である。

私たちが、このグループを「ポテンシャルシニア」と呼んでいることには、実は大きな意味がある。その点も合わせて、次章で6グループそれぞれの特性をより深く見ていくことにしよう。

第3章

多様化するシニアをひもとく6グループ

6グループの属性とペルソナ

本章では、私たちが膨大な定量・定性データと学術的な研究を組み合わせて導き出した、価値観の多様性に基づく現代シニアの6グループについて、それぞれの分析結果とペルソナ（人物像）を詳しく紹介してみたい。

6グループは大きく2つに分けられる（図表3－1）。これまでもその存在が意識されてきた従来型シニアが3タイプ、今回新たに見出された価値観を備えた新型シニアが3タイプである（図表3－1）。

なお、各グループのイラストは、それぞれのタイプにおける男女像を示しており、夫婦ではない。

図表 3 - 1

〈従来型シニア〉	〈新型シニア〉
「淡々コンサバ」	「ラブ・マイライフ」
「アクティブトラッド」	「社会派インディペンデント」
「身の丈リアリスト」	「セカンドライフモラトリアム」

淡々コンサバ

まずは、もっとも伝統・保守的価値観を持ち、積極性の低いグループが「淡々コンサバ」である（図表3－2）。

このグループは、従来からある高齢者やお年寄りのイメージにもっとも近いグループといえる。現代シニアにおいてもなお、4人に1人はこのタイプだ。

変化を好まず、個人として強い意見や主張もあまり持っていない。現状維持の生活を望んでおり、いまの生活がそのまま淡々と、ルーティーンのように続いていくことが幸せだと感じている。

マーケティングの観点から特徴を挙げれば、「安全」や「品質」「健康」といったフレーズを好む傾向にある。

なお、図表中の棒グラフは、このグループの中で『シニア1000人調査』の平均値からプラスまたはマイナスに大きく乖離している代表的な価値観を抜き出したものだ。

定性調査から見出された、「淡々コンサバ」のペルソナを掘り下げてみよう（図表3－3）。

図表 3-2 「淡々コンサバ」の基本データと特徴

望みは現状維持

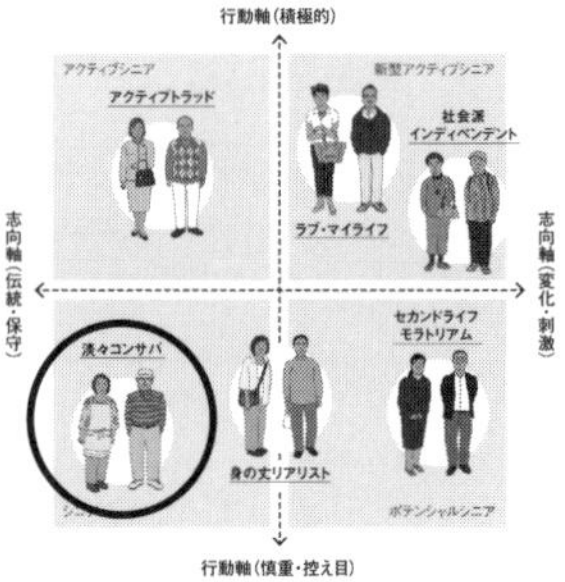

全体の構成比	24.6%
男女比	49:51
平均年齢	66歳
平均世帯年収	595万円
平均個人年収	249万円
平均金融資産	1,862万円
平均小遣い額（月）	23,300円

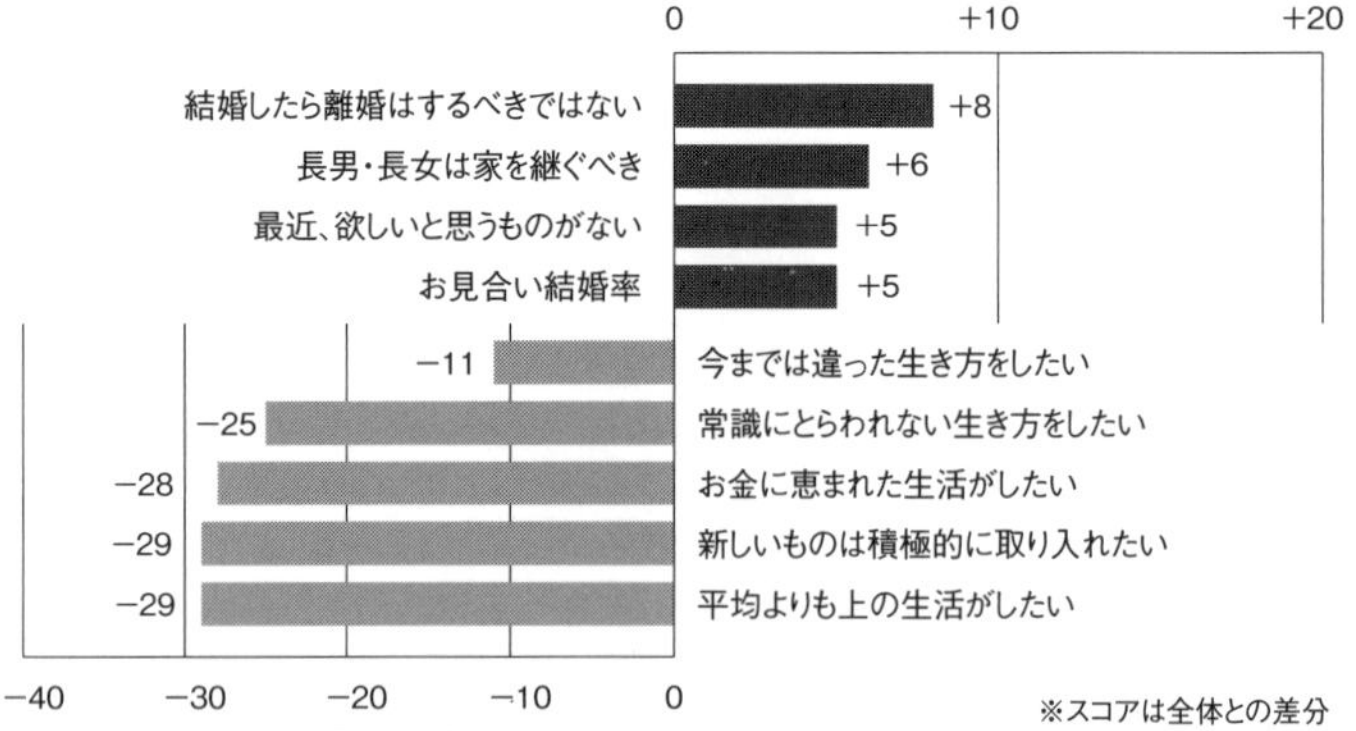

※スコアは全体との差分

※上段：ビデオリサーチ「Senior/ex」2016年 東京50km圏
下段：ビデオリサーチ「シニア1000人調査」2013年

自己紹介で語られるのは平凡な毎日。それを満たしているのは長年の習慣と常識であり、とにかく現状に満足している。強い主張は感じられない一方で、インタビューでは伝統的な家族観、そして自らに向けられる「世間の目」を気にしている様子がうかがわれた。

コミュニティへの参加は範囲こそ狭いが、地域や子どもの教育などに根ざした、昔ながらの深く長い付き合いを続けている。男性はいわゆるマイホームパパ、女性は良妻賢母型で、保守的な価値観が根づいている。男性は妻の尻に敷かれ、女性は夫を立てて従ってきたタイプだ。そして、孫を非常に愛している傾向がうかがえる。

図表3-3 「淡々コンサバ」のペルソナ

アクティブトラッド

次は、伝統、保守的な従来型シニアにおいて、積極的な価値観を持つグループ、「アクティブトラッド」である（図表3－4）。

私たちは**このグループこそ、2000年以降語られてきたアクティブシニアにもっとも近いと考えている。**ただし構成比は約15％に過ぎない。

その暮らしぶりをひと言で表現すれば、「悠々自適」だ。金銭的な余裕を持ってリタイアしており、保有している金融資産は6グループの中では最大だ。

ライフスタイルにも余裕が感じられる。夏休みは孫など3世代で軽井沢のような王道のリゾート地で楽しみ、買い物は大手百貨店で、しかも伝統があり昔から馴染みの深いブランドものを好んで選ぶ。

マーケティング的には、「洗練」や「快適」「上品」「上質」といったフレーズに心を惹かれやすい。保守的で伝統を重んじる点は「淡々コンサバ」と似ているものの、消費を楽しむ意欲が高い。

「アクティブトラッド」の定性調査では夫婦単位、家族単位での行動を好むところは保守

図表 3-4 「アクティブトラッド」の基本データと特徴

悠々自適な富裕層

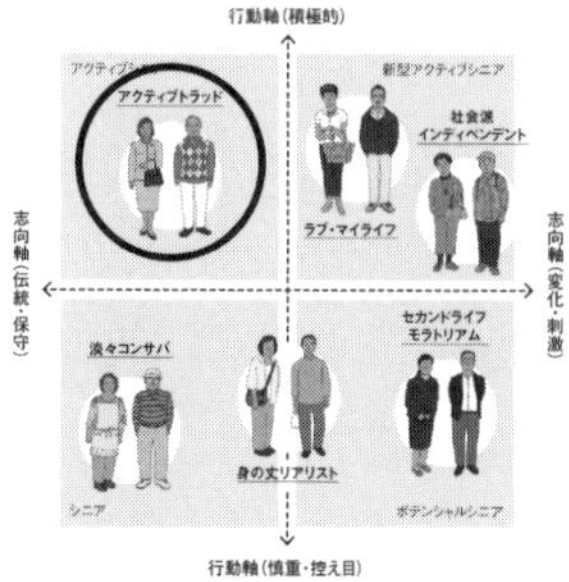

全体の構成比	14.6%
男女比	43:57
平均年齢	65歳
平均世帯年収	643万円
平均個人年収	279万円
平均金融資産	2,513万円
平均小遣い額（月）	24,196円

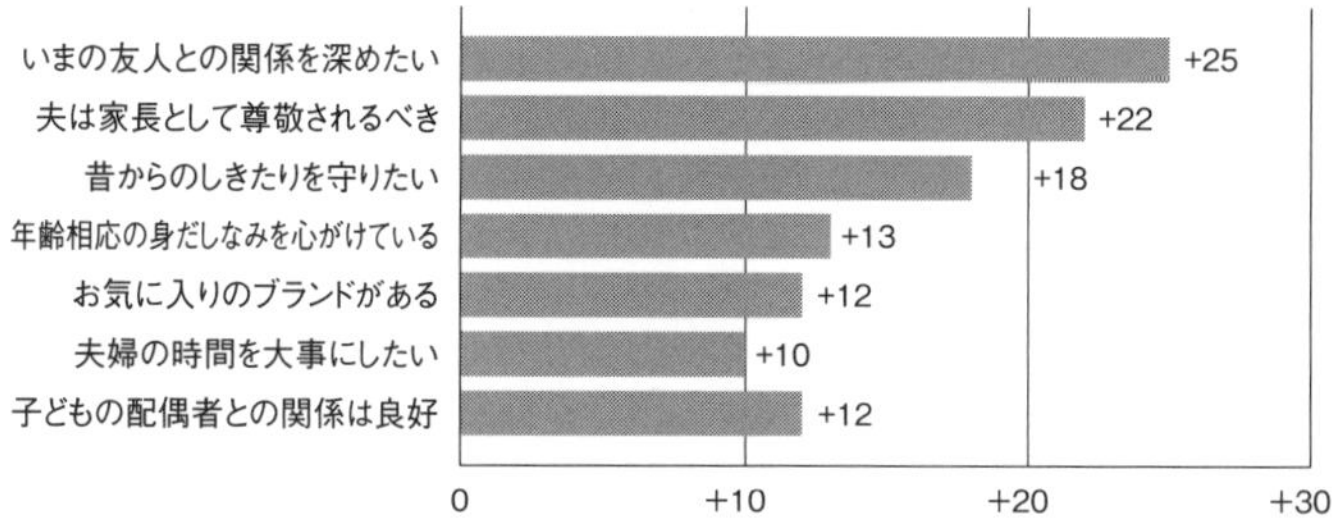

※スコアは全体との差分

※上段：ビデオリサーチ「Senior/ex」2016年 東京50km圏
下段：ビデオリサーチ「シニア1000人調査」2013年

的な価値観が感じられた。友人付き合いなども夫婦で出向く。親子での会話が多く、最新の流行の情報源は子ども夫婦だというインタビューが印象的だった。孫との関わりについても積極的である。

伝統を大切にしながら、生活に余裕があるため新しいものへの許容度も高い。飛びつきこそしないものの、拒絶しているわけではない。

ロボット型掃除機や最新機能を搭載したブルーレイレコーダー、さらには利便性、合理性を追求した都心部のタワーマンションへの住み替えなど、価値が感じられるものには消費を惜しまない傾向が強い。

図表 3-5 「アクティブトラッド」のペルソナ

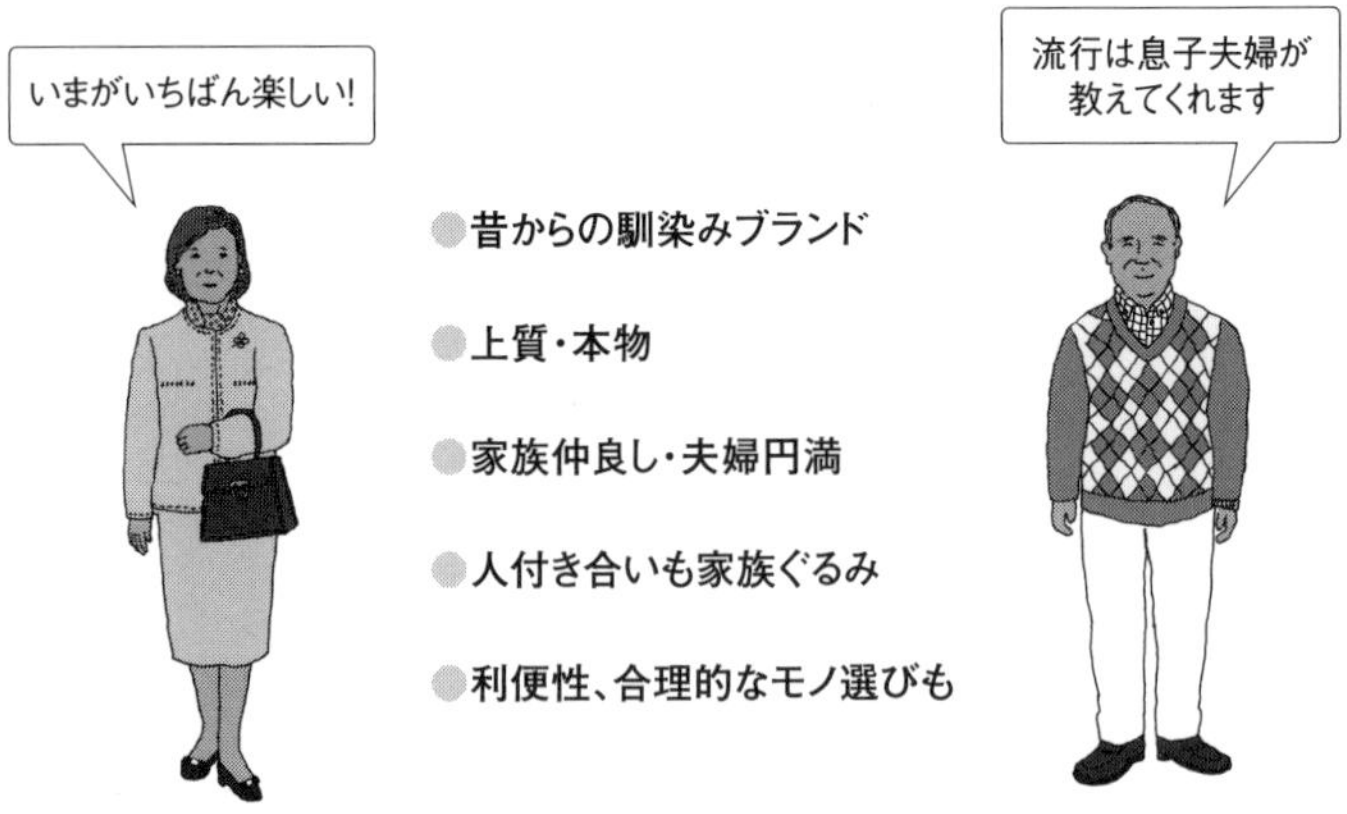

身の丈リアリスト

3番目のグループは、アクティブではないシニアの中において、考え方は新しくはないものの保守的でもない、「身の丈リアリスト」である（図表3－6）。

このグループの最大の特徴は、「お金」が重要な判断基準になっていることである。**価値観としてはニュートラルな状態で、したいこと自体はたくさん持っているにもかかわらず、何かと「お金がない」という理由であきらめ、行動に起こしていない。**

ところが、お金がないというのはあくまで自己イメージであり、金融資産の保有額平均は6グループの平均を超える。この背景のひとつとして、もともとはアクティブな層だったのが、病気やリストラなどの不可抗力的な環境変化を経験したことにより、価値観が大きく変わってしまった人もいることがインタビューから推察された。構成比は約17％である。

彼らの楽しみは、限られた小遣いの中で好きなものを消費する、いわゆるプチ贅沢で、積極的ではないが理由があれば消費を行う。

「快適」や「役に立つ」「合理的」などに加え、「お得」というフレーズを好む。

図表 3-6 「身の丈リアリスト」の基本データと特徴

青い空を小窓から眺めて

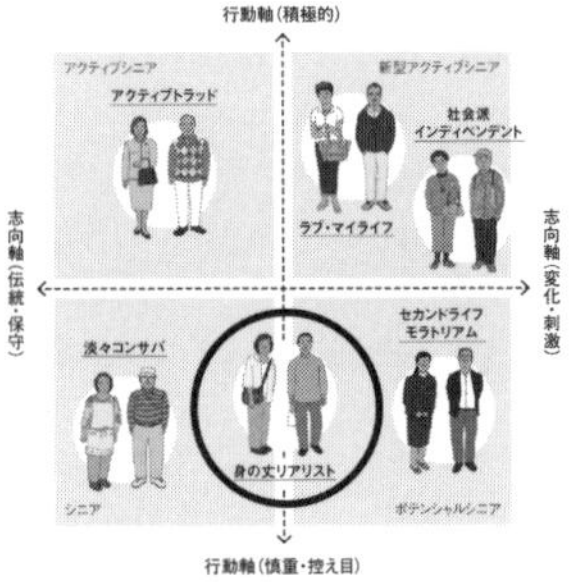

全体の構成比	16.8%
男女比	45:55
平均年齢	65歳
平均世帯年収	547万円
平均個人年収	245万円
平均金融資産	2,153万円
平均小遣い額(月)	25,372円

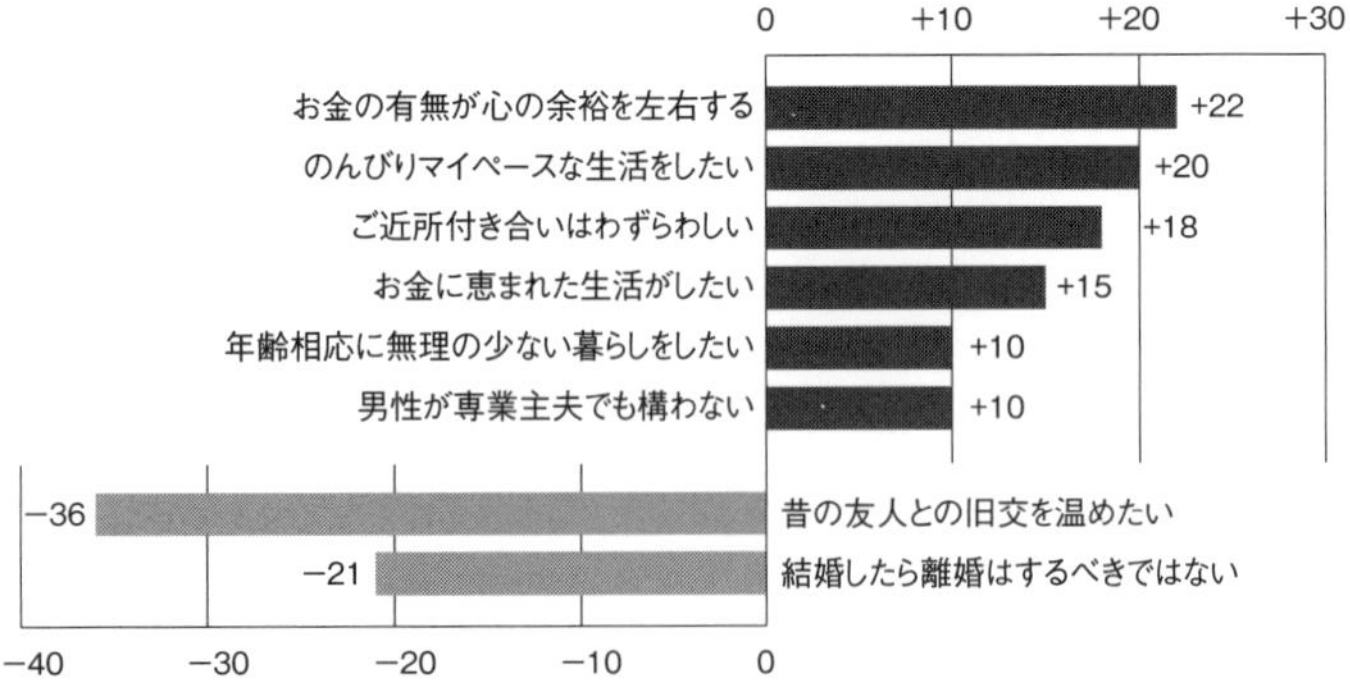

※スコアは全体との差分

※上段:ビデオリサーチ「Senior/ex」2016年 東京50km圏
下段:ビデオリサーチ「シニア1000人調査」2013年

定性調査で接した「身の丈リアリスト」で特徴的だったのは、「お金さえあれば……」という口ぐせだ。50歳でリストラに遭い、年収が半分になってしまった人は、その後の10年で年収を元に戻すことができたが、いったん切り詰めた生活コストはその後も変えていないと語っていた。

また、**このグループは「人生の引き算」において、「あと○年生きなければいけない」と考えるのが特徴だ。**その一方、金銭的に許されるなら、壮大な夢を語り出す。夢は夢、現実は現実として、折り合いをつけて生きている。

家族観はリベラルかつドライで、配偶者とは付かず離れず。人付き合いはあまり得意ではない。許されるならひとりでしがらみなく暮らしたい、と語る人もいた。

図表3-7 「身の丈リアリスト」のペルソナ

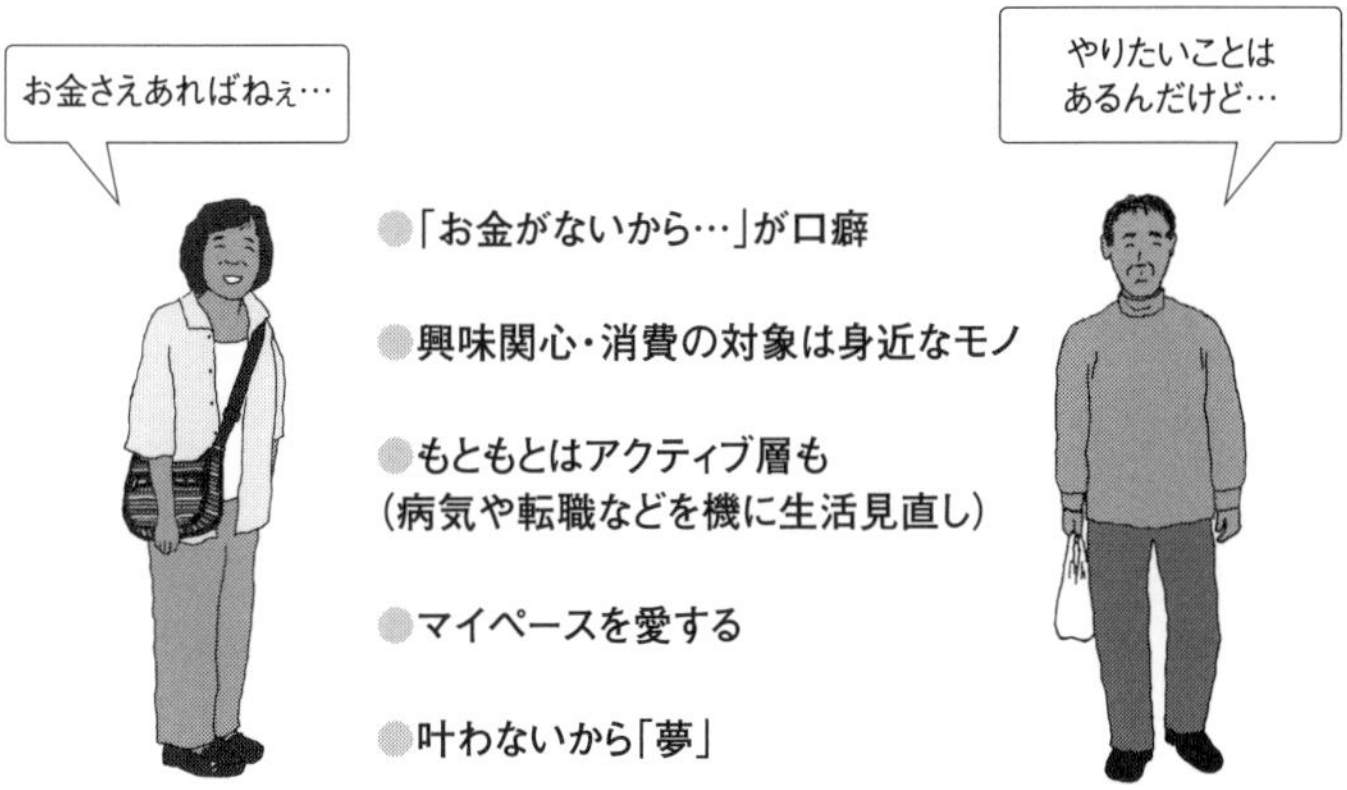

ラブ・マイライフ

ここからは、新型シニアの3グループを見ていきたい。まずは、もっとも積極的で変化や刺激を好む「ラブ・マイライフ」だ（図表3－8）。

新しいモノが大好きで情報通、流行に敏感で、ハイブランドを好む。消費意欲は極めて旺盛で、欲しいものは躊躇しない。とことん自分の好奇心を満たすために消費する。比較的、コト消費よりもモノ消費を好む。

好きなことをするという意識が強く、社交的で友人も多いが、半面ひとり行動もいとわない。自分が若く見られることにこだわり、実年齢と自分が感じている年齢が6グループ中もっとも離れているとともに、「老い」に対しては、先手を打ってカバーするための消費を行う。**アクティブシニアの進化系、尖った形かもしれない。**男女別に見ると、女性は美を追い求める美魔女タイプが多く、男性ではガジェット（目新しい道具や機器）好きの傾向が見られる。

「本格的」「革新的」「アクティブ」「カスタマイズ」といったフレーズに心惹かれる。全体に対する構成比は約9％だ。

図表3-8 「ラブ・マイライフ」の基本データと特徴

自分のために積極消費

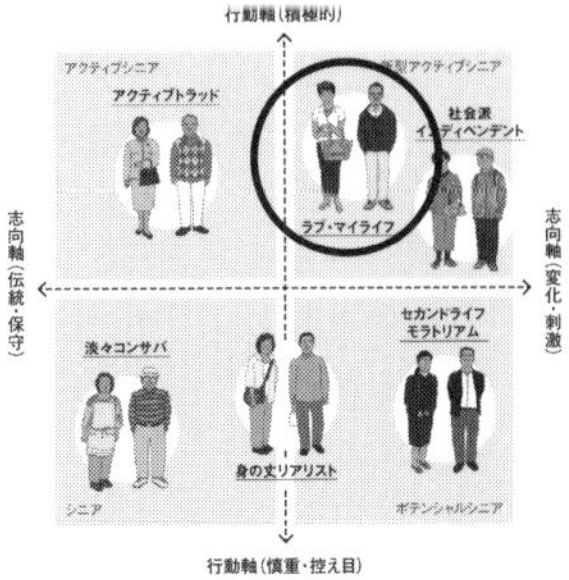

全体の構成比	8.8%
男女比	56:44
平均年齢	63歳
平均世帯年収	743万円
平均個人年収	381万円
平均金融資産	2,210万円
平均小遣い額（月）	36,319円

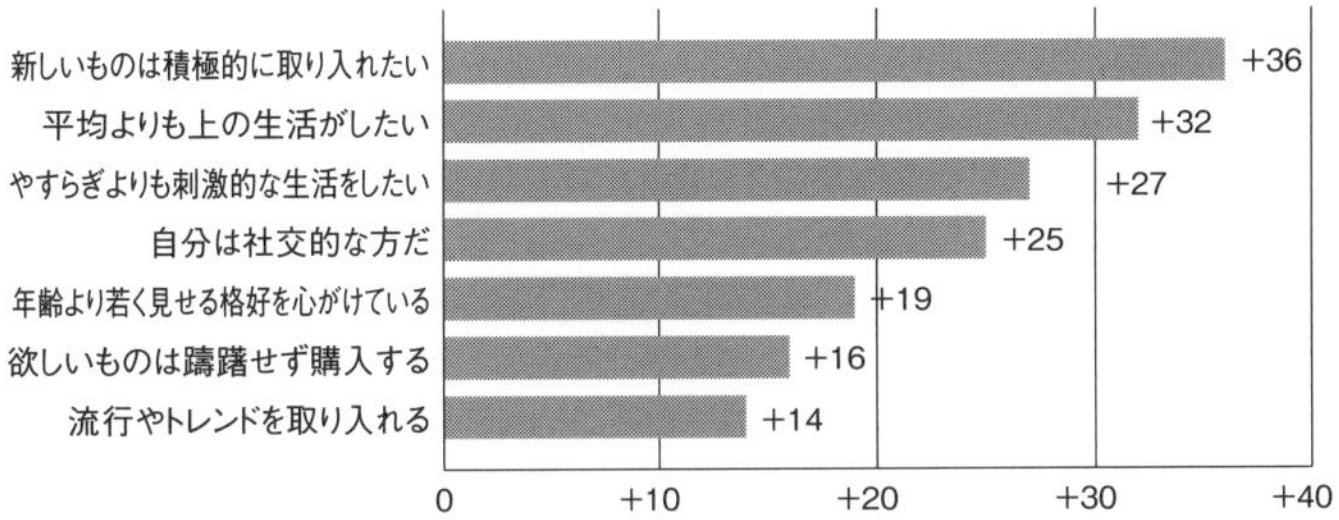

※スコアは全体との差分

※上段：ビデオリサーチ「Senior/ex」2016年 東京50km圏
　下段：ビデオリサーチ「シニア1000人調査」2013年

このタイプの印象は、とにかく自由人ということに尽きる。一点集中型ではなく、興味の幅が広い。なんでも手を出してみる傾向がある。

女性は、65歳前後でも洋服は若い女性が好むようなセレクトショップで買い求め、流行のバッグやアクセサリーを欠かさない。インタビュー当時、話題だったダイソンの掃除機を全員が買いたいといっていた。男性はファッションよりも趣味に消費の矛先を向ける。ひいきの球団のシーズンシートを購入し、ｉＰａｄやｉＰｈｏｎｅは新型が出るたびに購入しようか迷う。

男女ともに、「ついつい買ってしまう」自分を、とことん楽しんでいる。社交的な一方で、孫に依存している様子はない。ベクトルは常に自分自身に向かっていることが特徴的である。

図表3-9 「ラブ・マイライフ」のペルソナ

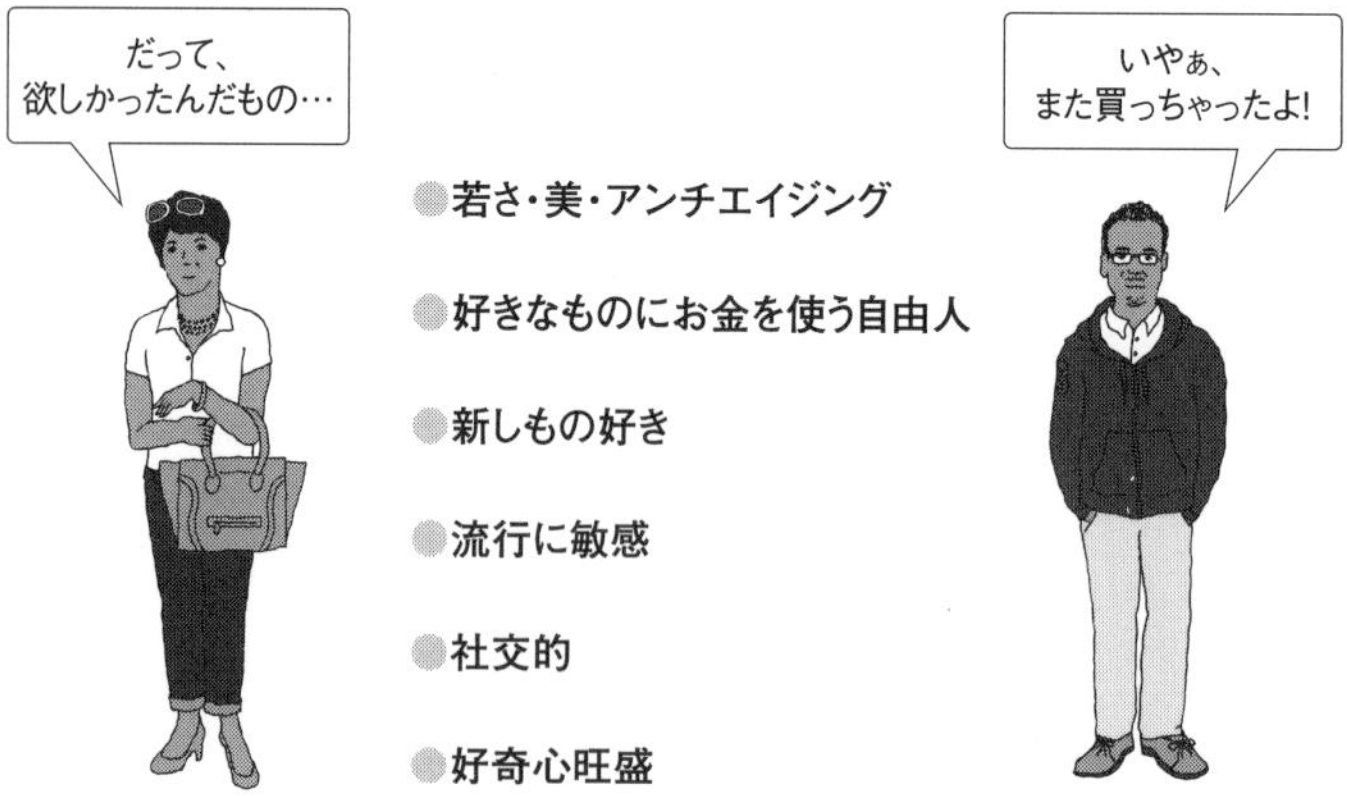

社会派インディペンデント

次の新型シニアは、「社会派インディペンデント」である（図表3－10）。

社会派というネーミングは、**お金にこだわらず、かつ価値観が自分の利益追求ではなく他人や社会に向かっているという際立った特徴が見出せるからだ。**人とのつながりを重視し、新たな人脈を築くこと、世代を超えた交流などにも意欲を見せる。常識にとらわれず、情報収集に積極的で、新しいものへの親和性が高く、自分の考えを強く持っている。「ラブ・マイライフ」と違って消費選好性は低く、普段は節約している。だが、自らの見識を高めることや自らが価値を見出したことには惜しまずお金を使っていく。「ラブ・マイライフ」がモノ消費なら、「社会派インディペンデント」はコト消費型である。

シニアは年を重ねるほど社会への貢献意識などが上昇していくとされるが、「社会派インディペンデント」はその典型であり、「エコ」「ロハス」「ボランティア」「ノンプロフィット」「フェアトレード」といった言葉に強く反応する。「自然体」「さりげない」「ナチュラル」「ハンドメイド」などのフレーズも響く。

もっとも新しい形のシニアと思われるが、構成比は最小で全体の約8％である。

図表 3 - 10 「社会派インディペンデント」の基本データと特徴

楽しんで人に尽くす

全体の構成比	8.3%
男女比	55:45
平均年齢	66歳
平均世帯年収	533万円
平均個人年収	263万円
平均金融資産	2,027万円
平均小遣い額(月)	26,398円

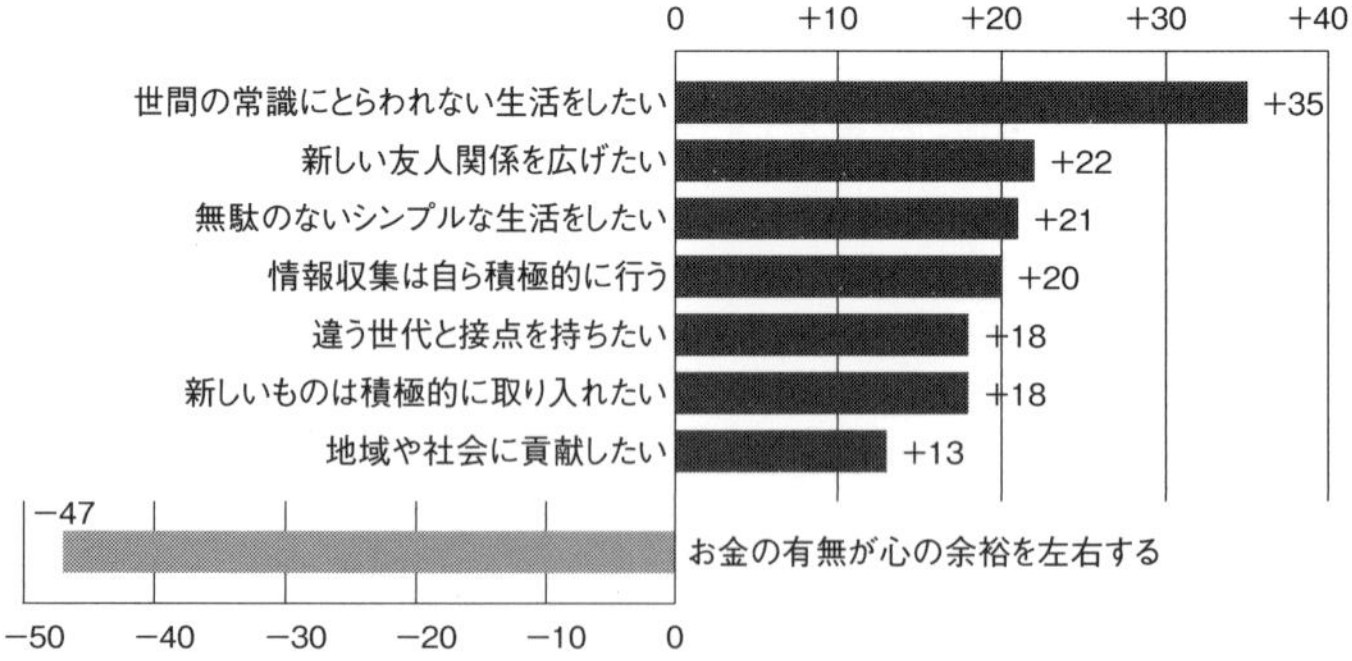

※スコアは全体との差分

※上段:ビデオリサーチ「Senior/ex」2016年 東京50km圏
　下段:ビデオリサーチ「シニア1000人調査」2013年

「社会派インディペンデント」の際立った特徴として、社会や地域への貢献を楽しむことに人生の重点を置いている。

「ボランティア活動も結局人のためではなく、自分が楽しむためにしているようなものだ」「たいして儲からなくても、みんなが集えるコミュニティカフェを開きたい」「ボランティア仲間として20～50代まで幅広く関係がある」などのコメントが印象的であった。

新しいことに積極的なのは「ラブ・マイライフ」と同様で、40代からヒップホップを始めた人もいた。

また、ひとり旅をいとわないこと、配偶者や孫、友人に完全に依存しない点も同様だ。

図表 3-11 「社会派インディペンデント」のペルソナ

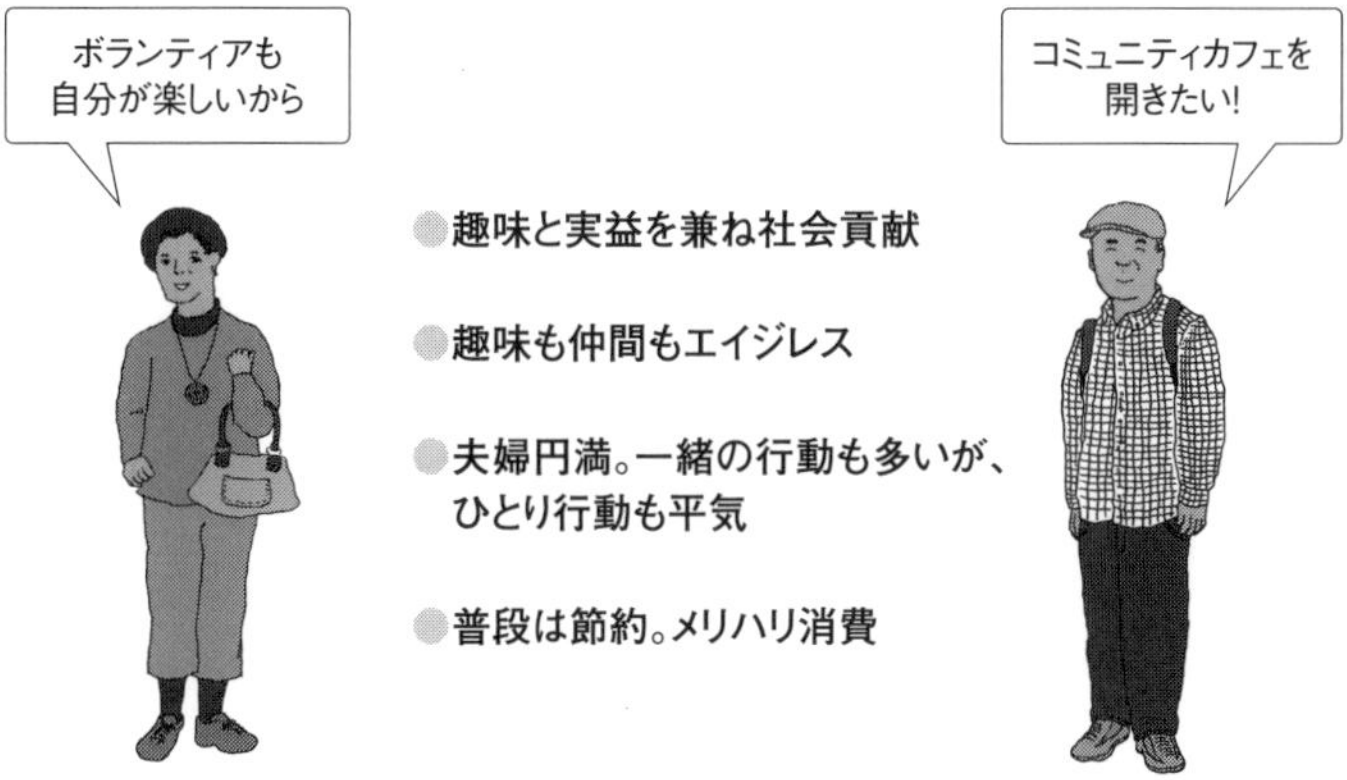
ボランティアも
自分が楽しいから
コミュニティカフェを
開きたい!

- 趣味と実益を兼ね社会貢献
- 趣味も仲間もエイジレス
- 夫婦円満。一緒の行動も多いが、ひとり行動も平気
- 普段は節約。メリハリ消費

セカンドライフモラトリアム

最後の新型シニアは、私たちの研究における最大の発見といっていいグループで、「セカンドライフモラトリアム」と名付けた（図表3-12）。

新型シニアとして変化や刺激に親和性を持っていながら積極性に欠け、目立った動きを見せていない。その分、**消費をはじめさまざまな面でポテンシャルが高く、しかもシニア全体の約3割を占める最大派だ。**

男性は、企業戦士や会社人間がそのままシニアになったイメージである。仕事に代わるものをいまだ見出せず、模索している。人間関係はほぼ社内だけだったため、リタイアでそれが失われることを恐れるとともに、いつまでも会社のつながりや組織への所属に固執し、誇りも感じている。

女性は男性より育児や子どもの成長などに応じて人付き合いに幅が生まれやすいものの、男性同様、交遊関係は広くない。

一方でこのグループは他人の影響を受けやすく、これといった行動を起こしていないために資金は十分ある。背中を押され、理由を見つけられれば、持ち前の能力を新たに活か

図表 3-12 「セカンドライフモラトリアム」の基本データと特徴

第二の人生、模索中

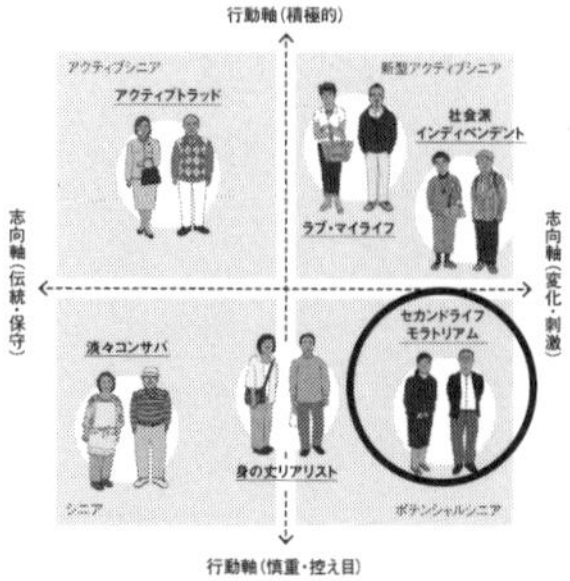

全体の構成比	26.8%
男女比	50:50
平均年齢	64歳
平均世帯年収	636万円
平均個人年収	287万円
平均金融資産	2,134万円
平均小遣い額(月)	27,592円

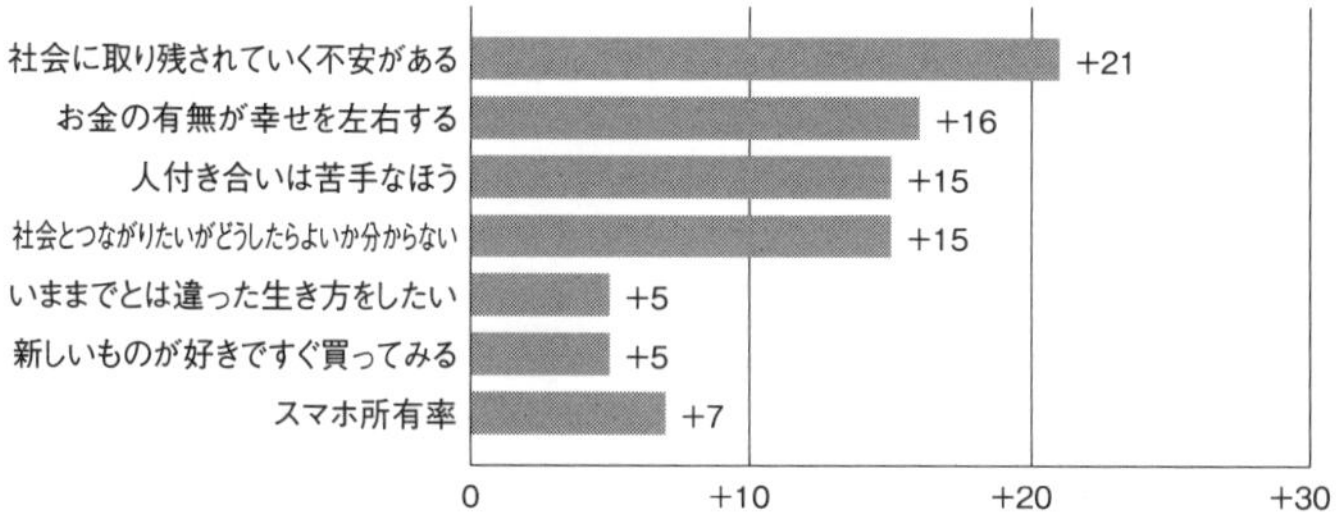

※スコアは全体との差分

※上段:ビデオリサーチ「Senior/ex」2016年 東京50km圏
下段:ビデオリサーチ「シニア1000人調査」2013年

し、動く可能性を秘めている。

「セカンドライフモラトリアム」に特徴的なのは、戸惑いの強さだ。

　男性は仕事以外の人間関係が希薄で、誇りや成功の基準を企業名やポジション、年収などに置いていたため、名刺がなくなってしまったこと、手帳のスケジュールが真っ白であることが不安だという。情報収集意欲は高く、考えも決して保守的ではなく、社会人として頑張ってきたのだが、そこから解き放たれた現在、どう過ごせばいいのかがわからなくなっている。

　女性の場合は、健康不安を抱えているケースも多く、一歩を踏み出せない要因になっている。

　男女ともにコミュニティとの関係が薄く、配偶者を頼る傾向にある。新しいことを模索してはいるが、どうにもうまく見つからず、きっか

図表 3 - 13　「セカンドライフモラトリアム」のペルソナ

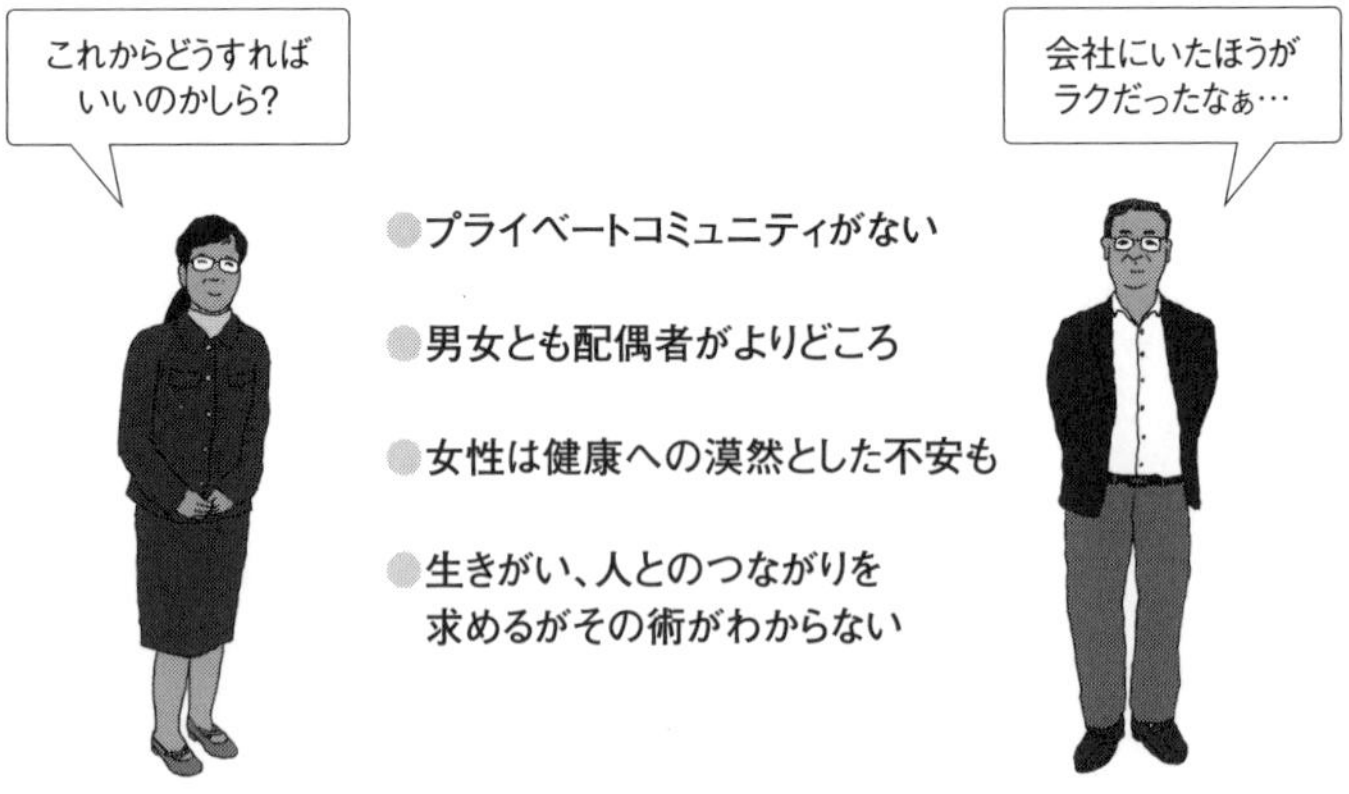
これからどうすれば いいのかしら?
会社にいたほうが ラクだったなぁ…
プライベートコミュニティがない
男女とも配偶者がよりどころ
女性は健康への漠然とした不安も
生きがい、人とのつながりを求めるがその術がわからない

けの到来を待っている。

各グループの特徴と構成比

ここで、6グループの特徴を簡潔にまとめ、それぞれの構成比率をもう一度確認しておきたい（図表3－14）。

習慣的な毎日に満足している「淡々コンサバ」と、いまが一番楽しい悠々自適層「アクティブトラッド」。私たちは、この2つに、現実を考えいろいろあきらめている「身の丈リアリスト」を加えた3グループが従来型シニアであると考えている。

ただ、構成比からわかるように、これだけではシニア全体の半分強にしかならない。しかも、その中でかなりの割合を消費意欲が比較的低い「淡々コンサバ」や「身の丈リアリスト」が占めている。

一方、これまでなかなか見えてこなかった新型のアクティブシニアの姿が、価値観で分類することによって明確になってきた。そのシェアは全体の2割弱に過ぎないが、それぞれに消費行動へとリードするポイントがありそうである。自分のための消費が多い「ラブ・マイライフ」。人や社会に尽くすことを楽しんでいる「社会派インディペンデント」

図表 3-14 各タイプの比率（%）

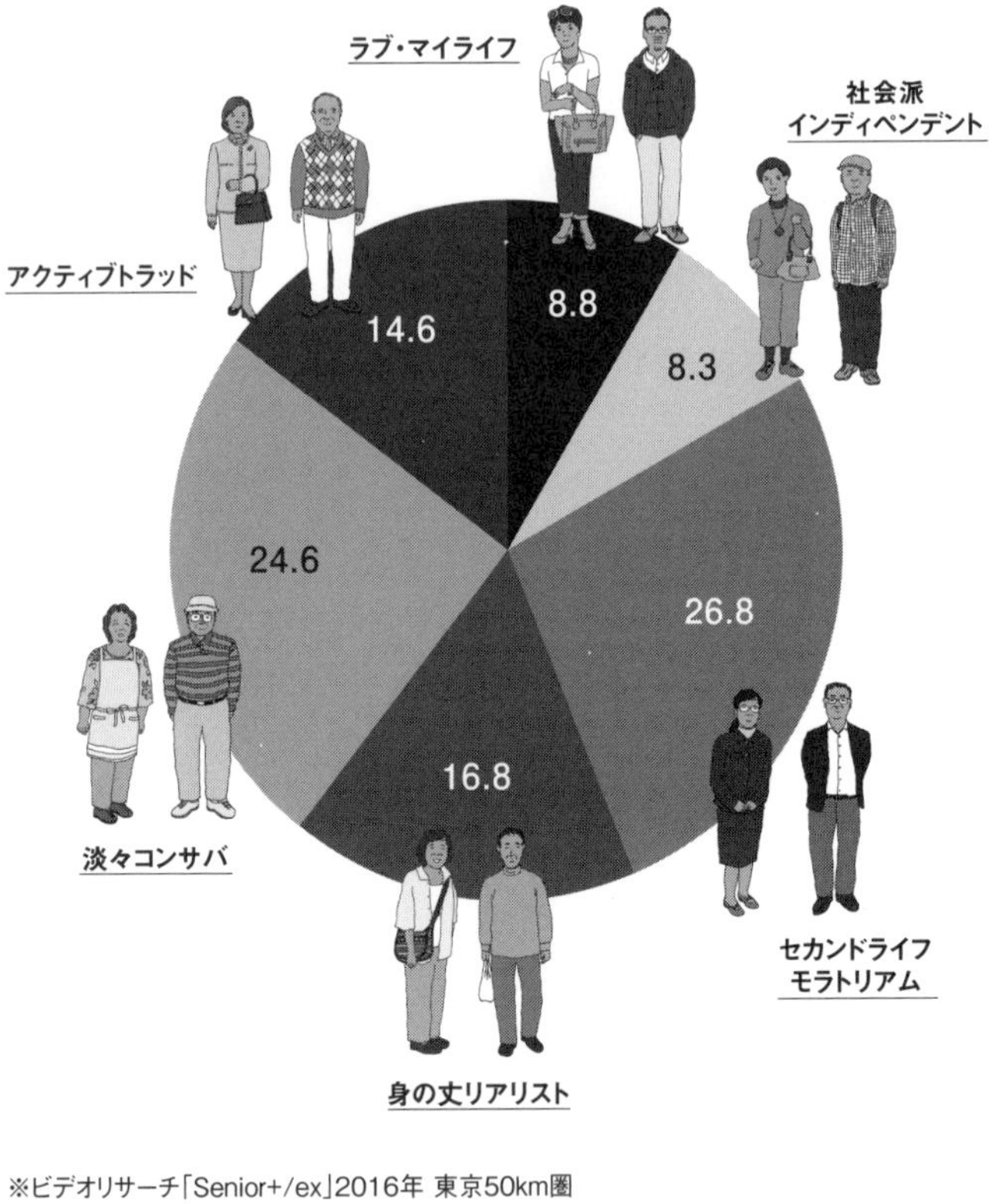

※ビデオリサーチ「Senior+/ex」2016年 東京50km圏

の2つである。

さらに、シニアの中でもっとも構成比が高いのが、これからの人生を模索している「セカンドライフモラトリアム」である。このグループは決して目立つ存在ではないため、いままで見落とされていたといえる。

なお、数値データを比較してもわかるとおり、いずれのグループも、年収や金融資産にあまり差はなく、おしなべて高水準である。

なかでも富裕なのは「ラブ・マイライフ」で、1か月の小遣い額も突出している。ただ、彼らは少数派であり、消費に対するこだわりが強い。これに対して、いまだ人生を模索している「セカンドライフモラトリアム」は、まだ現役層が多い分、比較的年収が高く、小遣いも「ラブ・マイライフ」に次ぐ水準だ。しかし、何をしたらいいのか、何に使ったらいいのか迷っており、背中を押してもらうことを待っている。

孫消費、夫婦消費の限界

各グループの価値観や行動パターンに沿った、心に響く商品開発やコミュニケーションが必要とされているのである。

次に、マーケティングの視点から、どのようなキーワードが響きそうかをグループ横断的に比較してみよう。

シニアに対してはこれまで、夫婦での旅行などを促す広告が多い。しかし、ここまでの説明でおわかりのように、シニア全体に「夫婦」というキーワードが効くわけではない。実際に「夫婦」というキーワードが響くのは、お互いの心理的な距離が近い「アクティブトラッド」と「淡々コンサバ」、つまり従来型のシニアであろう。また、夫婦同士の依存度が高い「セカンドライフモラトリアム」についても、何らかの行動を始めるきっかけとしては有効だ。

シニアマーケティングの定番といえる「孫」というキーワードも、シニア全体に効くとは思えない。 訴求力があるのは、家族のつながりを重視する「アクティブトラッド」と「淡々コンサバ」に対してであろう。他の4グループも、孫はかわいいのだが、人間関係において孫がとりわけ大きなマインドシェアを占めているわけではなく、積極的に消費につながる可能性はさほど高くない。

その他も含め、人間関係に関するキーワードで、どのようなものがそれぞれのタイプに響くのかをまとめたのが、図表3－15だ。

新型シニアに訴求するには、「夫婦」や「孫」ではなく「友人」や「仲間」、あるいは

図表 3-15 タイプ別に見た「人間関係」で効果的なキーワード

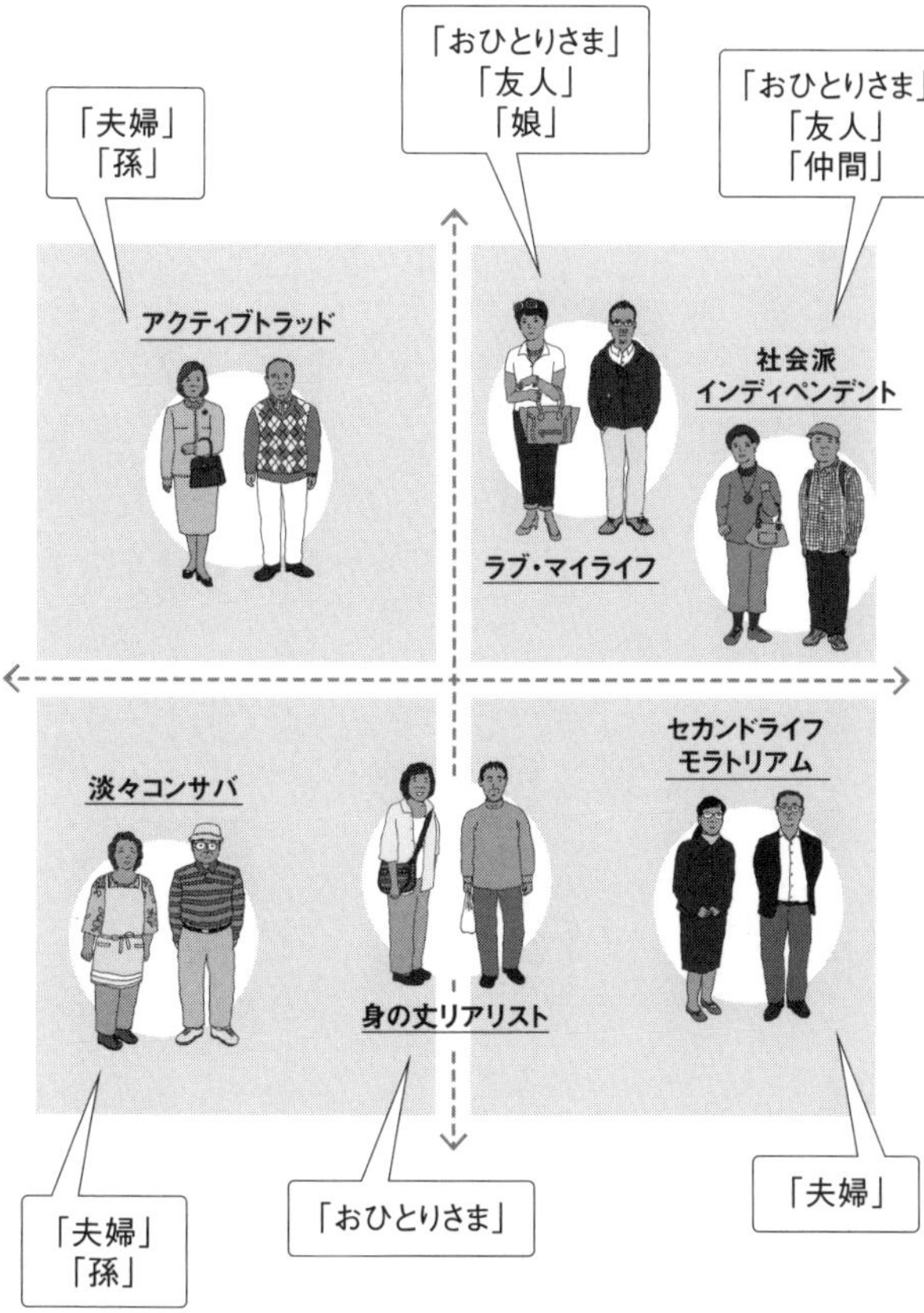

「おひとりさま」というキーワードを検討する必要がありそうだ。「母娘で2人旅」「仲間と楽しく」「自分と向き合う」なども効果的だ。

6グループの日常生活意識にはどんな差が？

続いて、一部はすでに紹介しているデータと重複しているが、日常生活に関する意識を見てみよう。

図表3－16は、各グループでより強く出ている、あるいはより弱く出ている項目を、全体の平均値を100として指数化したものだ。

これは、それぞれのグループに対してマーケティング戦略を考えていく際のヒントになるだろう。

例えば従来型シニア、とりわけアクティブシニアと思われてきた「アクティブトラッド」ではあるが、「人と違う格好をしてみたい」という意識は意外にも低い。

あるいは、情報に対する関心が高い新型シニアでも、「ラブ・マイライフ」は自力でどんどん入手してくのに対して、「セカンドライフモラトリアム」では人に影響されやすい。

また、「身の丈リアリスト」や「淡々コンサバ」はそもそも新製品には関心を示さない

図表3-16 タイプ別の「日常生活に関する意識」

55～74歳の平均値を100として指数化

	強い		弱い	
アクティブトラッド	化粧品のシリーズを揃えて使う	140	衝動買いをするほうだ	79
	よい情報は多くの人と共有	140	独立・起業に関心がある	79
	買い物は定価でも身近な店で買う	139	人と違う格好をしてみたい	74
	積極的に資産運用をしている	138	結婚にとらわれない生き方に共感	72
	情報はメディアよりも人から聞く	136	いままでとは違った生き方をしたい	71
ラブ・マイライフ	最新の情報はいち早く入手したい	183	情報は自分だけで使う	78
	流行には敏感である	179	新製品には無関心	77
	人とは違うモノを選びたい	178	家にいるほうが好き	76
	独立・起業に関心がある	175	情報収集に時間をかけない	64
	他人の買い物の相談にのる	173	ネット通販に抵抗あり	63
社会派インディペンデント	環境保護やボランティア活動に関わる	166	公立より私立の学校	61
	チャリティー活動に強い関心	159	いままでとは違った生き方をしたい	56
	高価格でも環境によいモノを選ぶ	156	みなが買っているならよいモノだ	44
	日常会話ぐらいは英語で話せる	153	化粧品にはお金をかけるほう	44
	新しいことをやってみるのが好き	143	社会的な地位は重要	36
セカンドライフモラトリアム	みなが持っているモノを欲しくなる	144	バーゲンなどの情報に興味がない	86
	いままでとは違った生き方をしたい	144	情報はメディアよりも人から聞く	83
	「限定モノ」「流行モノ」に弱い	143	自分に自信がある	79
	新しい成分や機能の商品を試す	141	買い物は定価でも身近な店で買う	75
	流行の食事やダイエットを試す	140	新製品には無関心	74
身の丈リアリスト	情報は自分だけで使う	145	人との付き合いは広いほう	63
	他人から買い物の相談を受けない	134	新しい店やニュースポットに出かける	59
	新製品には無関心	131	チャリティー活動に強い関心	58
	情報収集に時間をかけない	130	社会的な地位は重要	51
	家にいるほうが好き	127	地域のコミュニティに関わる	45
淡々コンサバ	新製品には無関心	121	新しいことをやってみるのが好き	67
	カタログ通販をよく利用する	115	人とは違うモノを選びたい	66
	掃除をするのが好きなほうだ	109	情報収集に熱心なほう	65
	家族や自分のお弁当をよく作る	107	積極的に資産運用をしている	60
	買い物は直接店に行ってその場で決める	105	海外のブランドが好き	57

※ビデオリサーチ「Senior+/ex」2016年　東京50km圏

ようである。

6グループのメディアへの意識

メディアへの接触頻度やメディアに対する意識はどうだろう。

マス4媒体は、引き続きシニアとの親和性が高い。特に、テレビの黄金時代とともに成長してきた世代なので、テレビへの接触率はどのグループも高い（図表3－17）。ところが、テレビの見方、テレビへの意識ということになると、グループごとに違いが見られる。

積極的に長時間視聴する「アクティブトラッド」、世間で話題の番組や新番組は必ずチェックする「ラブ・マイライフ」、見たい番組なら時間をやりくりし有料でも見る「社会派インディペンデント」、いつでも決まったチャンネルをつけたままにしている「淡々コンサバ」、手持ち無沙汰からなのか見たい番組がなくとも何となくスイッチを入れてしまう「セカンドライフモラトリアム」、といった具合である（図表3－18）。

インターネットはすでにシニアへの浸透が進んでいるが、ネットの使い方にも特徴が見て取れる。例えば、2軸4象限の上側にいるアクティブ層は情報を発信する側であり、人

図表 3-17 テレビ接触率・接触時間量

		テレビを「ほぼ毎日見る」人	1日当たりの接触時間量
20～54歳計		83.4%	155分
55～74歳計		95.4%	272分
	アクティブトラッド	96.9%	275分
	ラブ・マイライフ	88.9%	229分
	社会派インディペンデント	92.9%	264分
	セカンドライフモラトリアム	96.6%	270分
	身の丈リアリスト	96.5%	275分
	淡々コンサバ	95.8%	290分

※ビデオリサーチ「Senior+/ex」2016年　東京50km圏
　テレビ接触率：テレビ接触頻度の質問に「ほぼ毎日見る」と回答した人の率
　テレビ接触時間量：1週間の合計接触分数を1日当たりに換算

図表 3-18　グループ別のテレビの見方

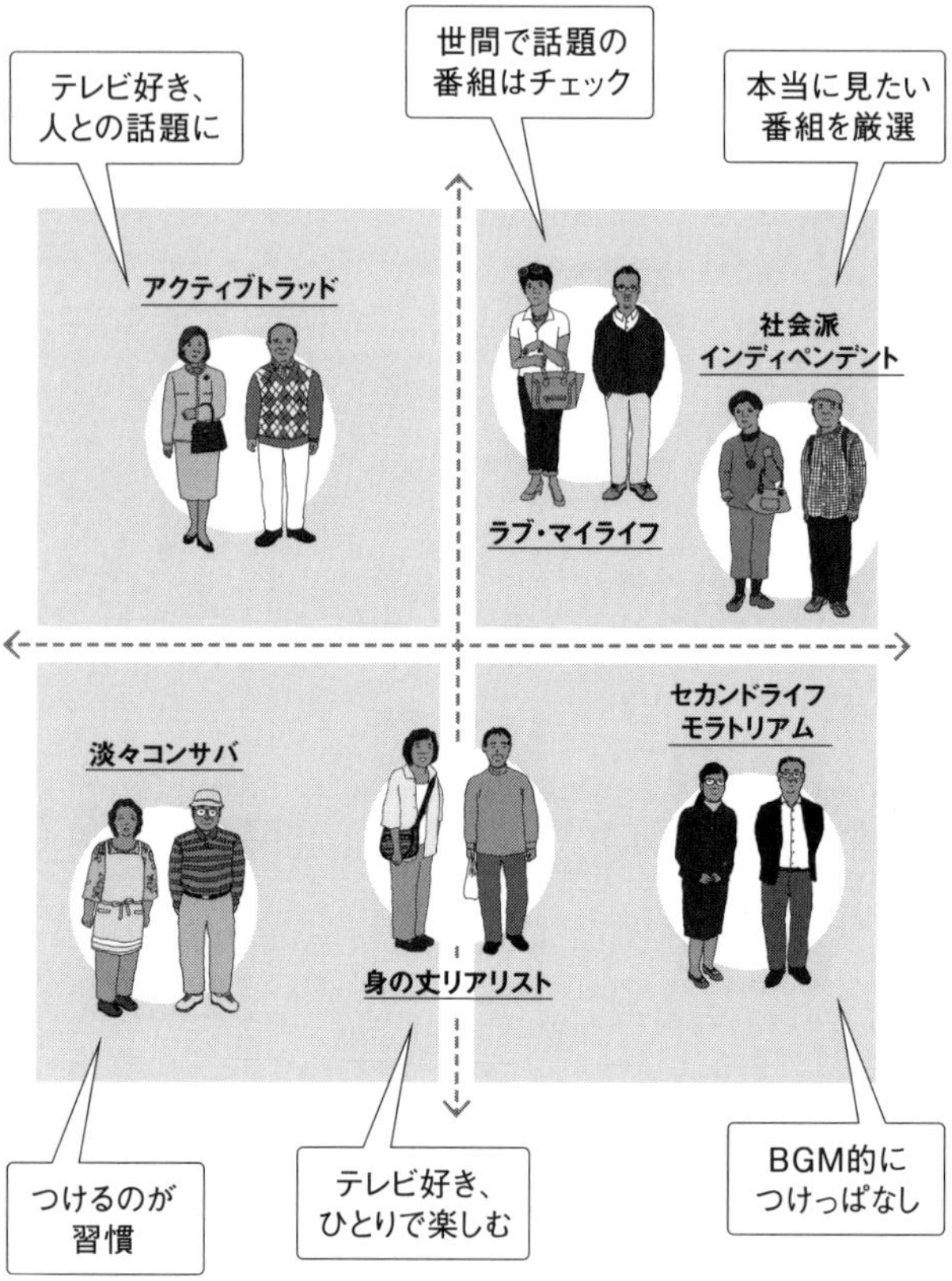

から意見を聞かれることが多い。

ただし、従来型シニアの「アクティブトラッド」は、発信は口コミである。したがってネットから得た情報の伝播は、身近な人々、狭い範囲にとどまる。

2軸4象限で右側にくる新型シニアは、情報に対する関心が高く、ネットを情報収集手段としても発信手段としても活用している（図表3－19）。デバイスの保有率も高い。

「セカンドライフモラトリアム」も、スマホの所有率でエクストリーマー（極端な特性や性向を持っている人）の「ラブ・マイライフ」に次いで2番手である。しかし、情報を発信する層ではないため、情報拡散はしない。おそらく、ネットにもSNSにも接触しているが、読むだけ、見るだけなのだと思われる。

このように、6グループごとに効きそうなアプローチ要素やメディア接触の質の違いを考慮することによって、ターゲットを設定したり、メディアやコミュニケーションプランを考えたりすることが可能になる。

今後、シニアの多様性が高まれば高まるほど、その必要性も強くなっていくのは当然のことであろう。

図表3-19 グループ別の「メディア意識」

55～74歳の平均値を100として指数化

	テレビ		ラジオ	
アクティブトラッド	家族や友人とTV番組を話題にする	135	ラジオCMが実生活に役立つ	124
	新番組の情報をよく知っている	134	ラジオCMをよく聴くほうだ	114
	テレビCMをよく見るほうだ	131	ラジオで得た情報を話題にする	107
ラブ・マイライフ	見逃した番組をインターネットで視聴	128	ラジオCMが実生活に役立つ	117
	どんな番組が話題か知っている	124	移動中にラジオを聴くことが多い	114
	新番組の情報をよく知っている	123	車に乗りながらラジオを聴く	105
社会派インディペンデント	見逃した番組をインターネットで視聴	137	ラジオで得た情報を話題にする	117
	新番組の情報をよく知っている	115	何かをしながらラジオを聴く	112
	見たい番組は時間をやりくりする	109	いまのラジオは十分に楽しめる	110
セカンドライフモラトリアム	未視聴番組を見逃したことを後悔	138	車に乗りながらラジオを聴く	107
	見逃した番組をインターネットで視聴	126	移動中にラジオを聴くことが多い	105
	ついテレビを見てしまう	121		
身の丈リアリスト	TVで電子番組ガイドをよく利用	109	ラジオで得た情報を話題にする	119
	TV番組はチャンネルを変えずに見る	107	ラジオCMが実生活に役立つ	107
			聴くラジオ局や番組は決まっている	106
淡々コンサバ	TV番組はチャンネルを変えずに見る	105	移動中にラジオを聴くことが多い	105

	新聞		ネット	
アクティブトラッド	新聞記事が実生活に役立つ	116		
	新聞広告が実生活に役立つ	116		
	新聞の内容を話題にする	112		
ラブ・マイライフ	新聞広告が実生活に役立つ	112	インターネットでの動画視聴に興味・関心	151
	新聞の内容を話題にする	106	インターネットで口コミサイトをよく見る	129
	新聞で他メディアにない情報を得る	106	インターネットは生活に欠かせない	128
社会派インディペンデント	新聞記事が実生活に役立つ	114	インターネットで広告をよく見るほうだ	120
	新聞は子どもの学習や教育に役立つ	113	インターネット上の広告をクリックする	117
	新聞の朝刊は必ず当日の朝に読む	109	インターネットで情報を収集する	105
セカンドライフモラトリアム	新聞広告をよく見るほうだ	105	インターネットで広告をよく見るほうだ	127
			インターネットでの動画視聴に興味・関心	116
			インターネットで口コミサイトをよく見る	116
身の丈リアリスト				
淡々コンサバ	新聞の朝刊は必ず当日の朝に読む	105		

※ビデオリサーチ「Senior+/ex」2016年 東京50km圏

シニアに旅行を売るとしたら?

続いて、具体的な商品やサービスを提案する際、6グループごとにどんなアプローチが適しているかを見てみよう。

例えば、**「セカンドライフモラトリアム」は、夫婦間のコミュニケーションがきっかけとなって行動することが多く、しかも他人の意見を参考にし、特に多くの人がやっているものは受け入れやすい。**

そのためか、行きたい旅行先を尋ねると、図表3-20のような回答が多い。「セカンドライフモラトリアム」に旅行を訴求する場合は、夫婦で出かけるきっかけを提示しながら、わかりやすく有名で安心できる観光地やアクティビティを勧めるのが有効であろう。

『シニア1000人調査』では、6グループごとの旅行予算とその内訳も調査している。それらを使ってある通販会社に、次のような商品プロモーションを提案したことがある。

▼海外志向で事前の準備から現地でのアクティビティ、お土産まで何にでもお金をかける「ラブ・マイライフ」向けの商品

・機内でもきれいなままでいられる化粧品
・むくみ知らずで美脚を保てるフットケアグッズ
・現地でドレスコードのあるレストランに入るためのシワにならないセミフォーマルワンピースや折りたためるパンプス

▼国内志向で近場の日帰り～2泊くらい、家庭や近所へのお土産は必須の「淡々コンサバ」向けの商品
・お土産をたくさん買っても大丈夫な、折りたたんで持ち歩けるサブバッグ
・たくさん歩いても疲れないウォーキングシューズ
・旅行先での地図も写真も1台で管理できるカンタン操作のらくらくスマホ

このように、グループごとの価値観とそれに基づく消費の傾向がつかめれば、確度の高い戦略を構築できるのである。

図表3-20 グループ別旅行の行先例

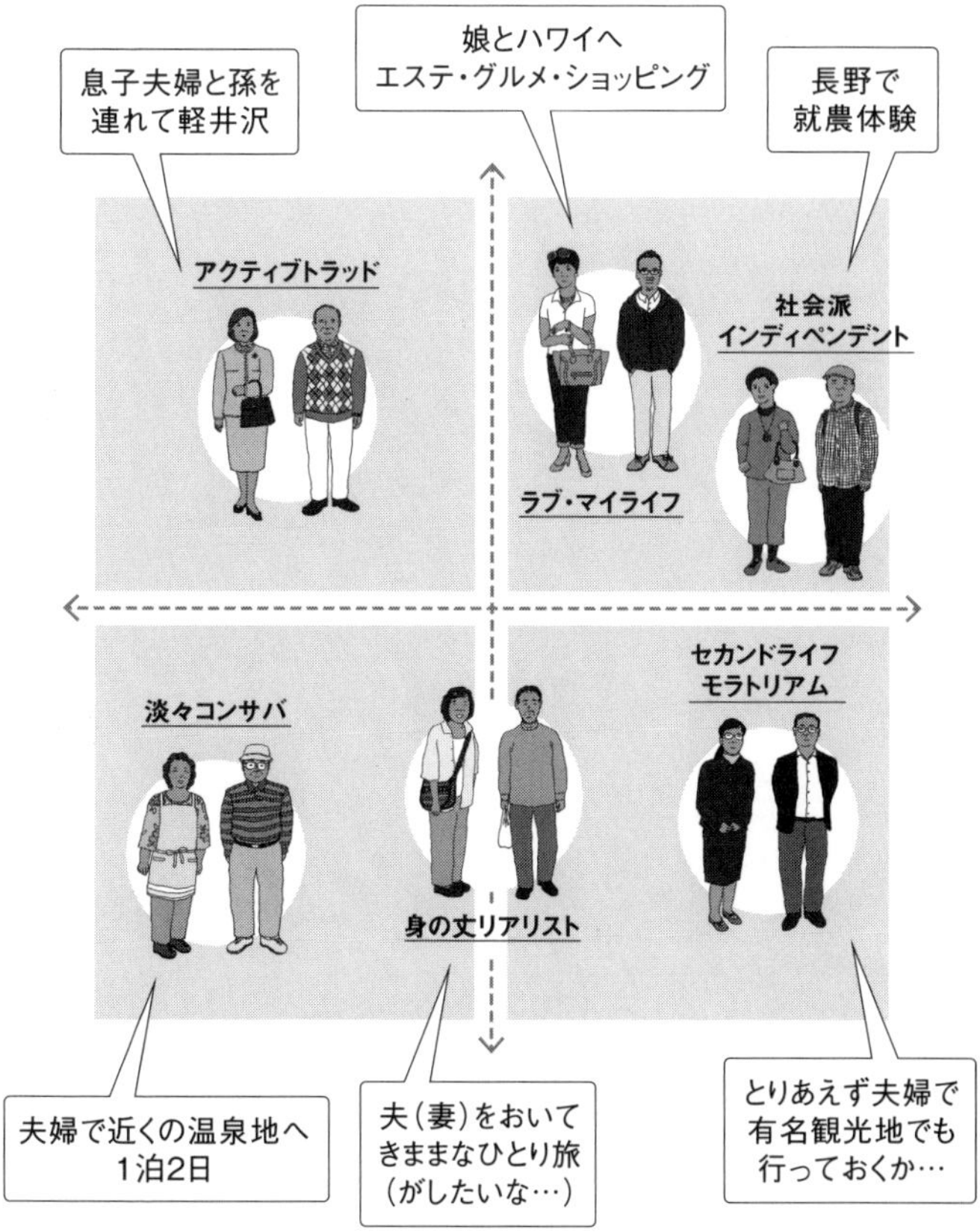

ビールのブランドは価値観で決まる？

6グループの価値観と『ACR／ex』のデータと組み合わせた別の例として、ビールのケースを見てみよう。

図表3－21は、プレミアムビール市場において、6グループがそれぞれどのような銘柄を好んでいるのかを示したものだ。男性シニア全体の平均値を100として指数化している。

長い歴史を持つブランドである『ヱビスビール』（サッポロビール）は「アクティブトラッド」と「淡々コンサバ」に選ばれている。それに対し、『ザ・プレミアム・モルツ』（サントリー）は「ラブ・マイライフ」に選ばれている。

『ヱビスビール』は贈答品需要が多く、『ザ・プレミアム・モルツ』は比較的新しいブランドであることが、こうしたユーザー構成比に影響していると考えられる。

また、図表3－22は、キリンビールの『淡麗』という同一ブランドにおいて、調査当時リニューアルをして間もなかった『淡麗極上』と、糖質をカットした『淡麗グリーンラベル』とがどのグループに選ばれているかを見たものだ。

図表 3-21　グループ別のプレミアムビールブランド嗜好

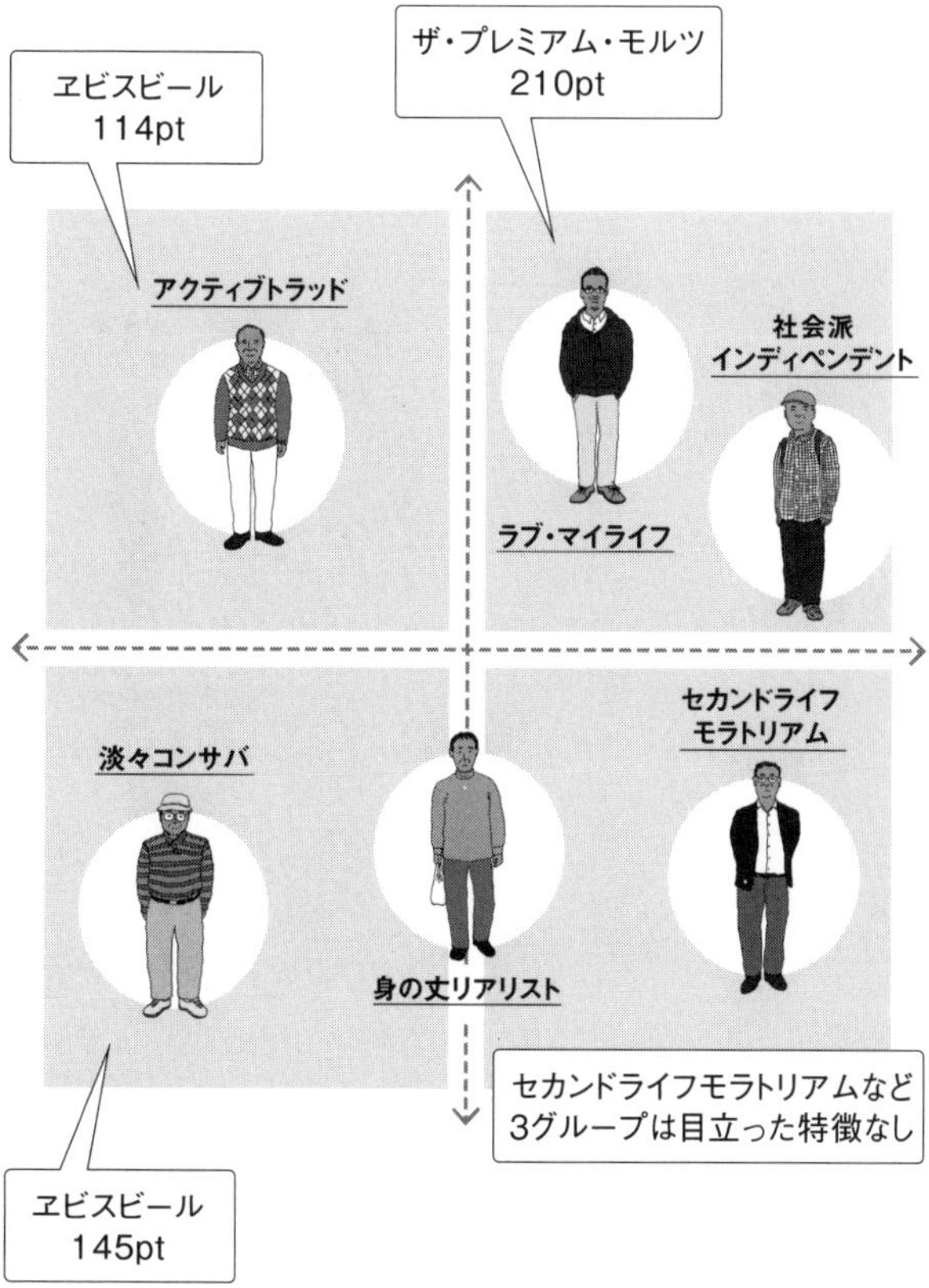

※ビデオリサーチ「Senior+/ex」2015年 東京50km圏+関西圏 最近3カ月主飲用ブランド

図表 3-22 グループ別の同一ブランドビールでのアイテム嗜好

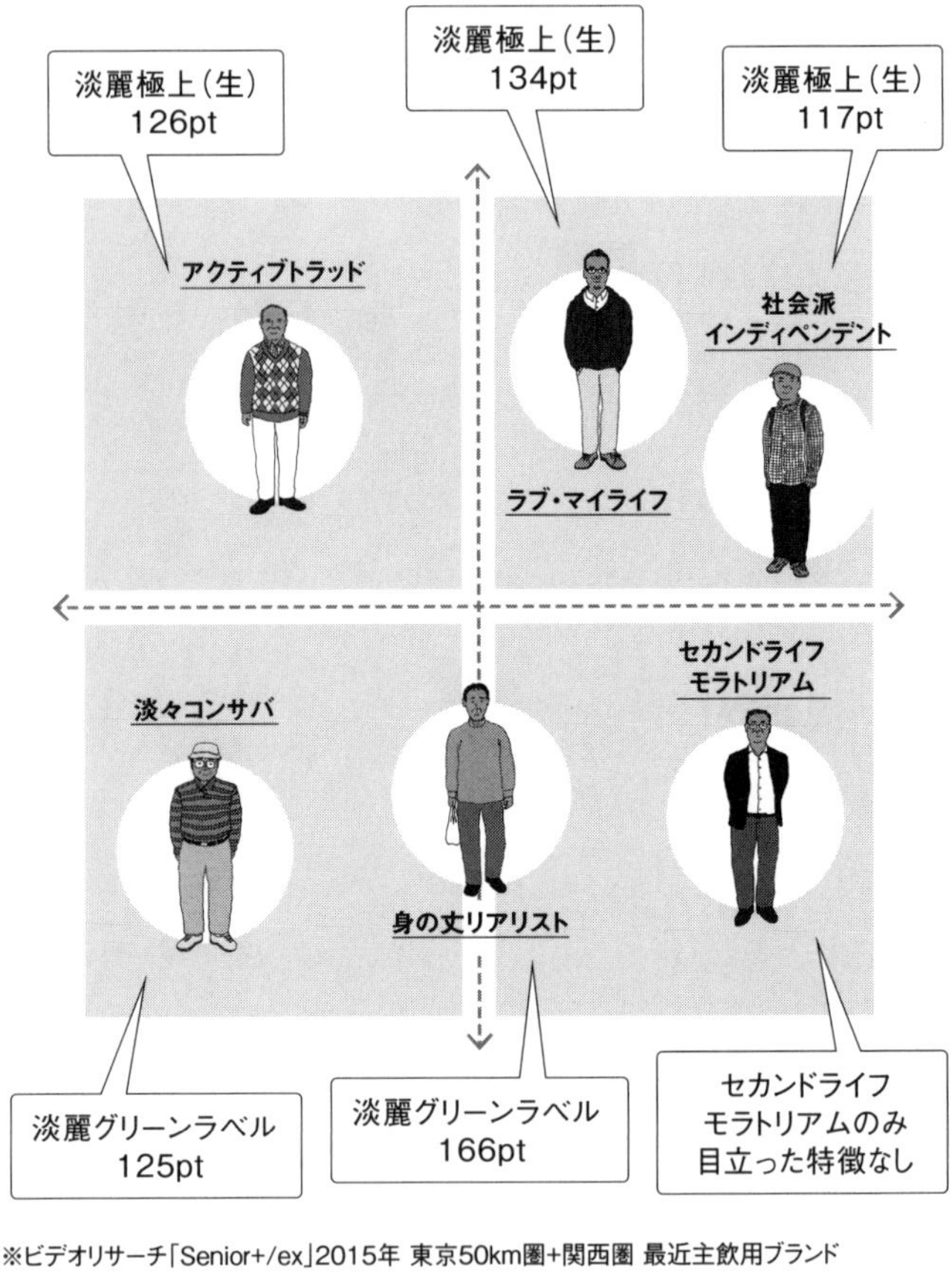

※ビデオリサーチ「Senior+/ex」2015年 東京50km圏+関西圏 最近主飲用ブランド

『淡麗極上』は、行動において積極性の高い「アクティブトラッド」「ラブ・マイライフ」「社会派インディペンデント」の3グループから支持されている。これに対して、『淡麗グリーンラベル』は、健康に気を遣ってのことか、「身の丈リアリスト」や「淡々コンサバ」から支持されている。

同一ブランドでもここまで支持のされ方に違いがあり、マーケティング面でもさまざまな工夫ができそうだ。

これから従来型シニアは減っていく?

本章のまとめとして、6グループのシニアがどうなっていくのか、今後のシニアの動向を予測してみたい。

図表3－23は、現在のシニアを性別、5歳ごとの世代別に分類した場合の、6グループの構成比である。

大まかな傾向として、シニアの中でも年齢が若くなればなるほど、従来型シニア(とりわけ「淡々コンサバ」)が減少し、新型シニアとポテンシャルシニアが増加しているというトレンドがおわかりいただけるだろう。

図表 3-23 性・年齢別グループ構成比（2016年）

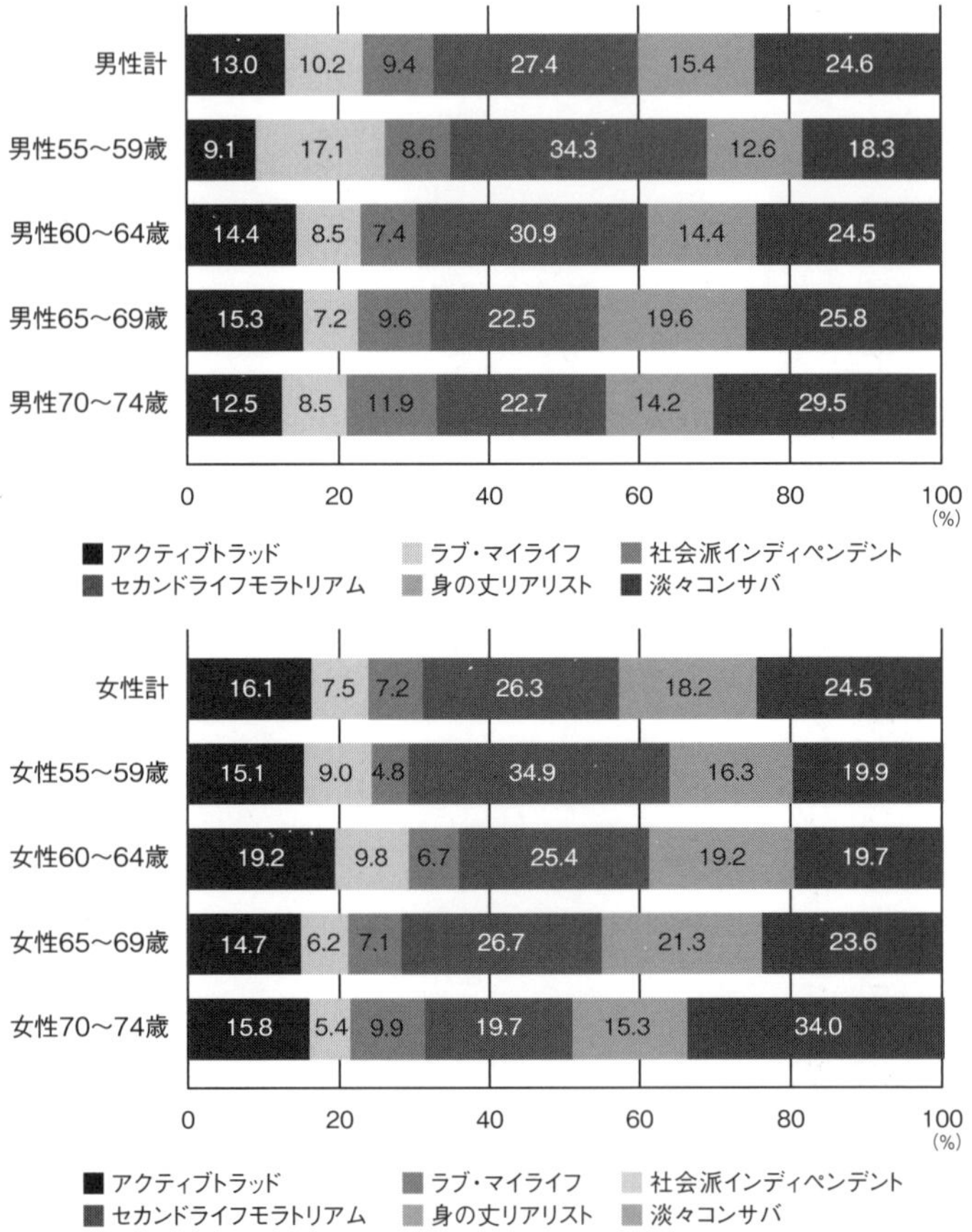

※ビデオリサーチ「Senior+/ex」2016年 東京50km圏

私たちは、今後も中期的には新型シニアが増え続け、やがてシニア市場そのものを牽引していくと予測している。

また、現状の70歳代より上で男女とも従来型シニアが多いのは、繰り返し述べてきたとおり世代効果だと思われる。60代以下では、終戦後の社会変革、現在の日本に直結する、多様性とコミュニケーションツールの豊かな消費社会の中で生活してきた層になる。その価値観が、5年後、10年後に、現在の70代のようになるとは考えにくい。

もっとも、さらに長期的な視点に立てば、現在とは違ったマーケティング戦略が必要となることは当然だ。

その大きな節目は、1990年代以降いわゆる「一億総中流」の日本が疑わしくなり、低成長と不景気の中で社会に出た団塊ジュニア世代がシニアに差し掛かるころだと考える。このあたりは、ビデオリサーチが行っている他ターゲットの生活者研究からも感じられることだ。

それでは現時点における、新型シニアのマーケティングを考える際、もっとも有効な方法はどのようなものであろうか。第4章からは、実例も交えてその可能性を探る。

【事例2　自分リノベーション】

シニアマーケターが読み解くモラトリアムシニアのリノベーション消費とは？

株式会社ジェイアール東日本企画　企画制作本部　副本部長　緒方 敦氏

マーケター自らがシニアとなってから見えてくる、シニアマーケティングがある。自分のタイプを「セカンドライフモラトリアム」と語る緒方氏は、モラトリアムシニアをどう攻略するのだろうか。

シニアマーケターが見るシニアのいま

シニアマーケティングの難しさのひとつは、施策を練るマーケターの多くがいまだシニアには達していないため、実感としてシニアの気持ちに寄り添いにくいことだ。

1959年生まれの緒方敦氏は、現役のマーケターでありながら、個人としては私たちが定義したシニア（55～74歳）に差し掛かっているという貴重な存在である。私たちの先輩として、そして自らは「セカンドライフモラトリアム」にカテゴライズされるシニアとして、「モラトリアムシニア」を攻略するヒントと、シニアマーケティングの読み解き方を伺った。

緒方氏は九州大学文学部で哲学を学んだ後、旭通信社（現ＡＤＫ）を経て１９９７年にジェイアール東日本企画（ｊｅｋｉ）に入社。大ヒットとなった「ポケットモンスター」創生期のプロジェクトマネージャー、営業部長、営業局長、コミュニケーション・プランニング局長を歴任し、現在は行動喚起型プランニングの充実に向けたマーケティング手法の研究開発に取り組んでいる。

「私自身がシニアとなったいま、**世間でシニア向けプロモーションと呼ばれているものの多くが、結局クライアントが持っているさまざまなリソースを少々シニア向けにアレンジしただけのものでしかないのではと**感じています」

緒方氏の問題意識は、シニアマーケティングが単なる「売り込み」の方便だけで終わることなく、シニアの生き方の「出口」をしっかりと見せていくことこそ大切だ、というところにある。

55歳はシニアの入り口であると同時に、多くの会社員にとっては定年への準備の始まりのタイミングだ。

「しかし、実際には定年後の生き方について決め兼ねている層が3割もいます。これは、2年前の調査よりもむしろ増えている」

つまり緒方氏は、モラトリアムシニアがいま、まさに拡大傾向にあると見ている。そして、リタイア後の生き方を決めるタイミングが、その後65歳までの10年間のどこかに存在し、その後の暮らし方に大きな変化が起きると推測している。

その変化の起点を、緒方氏は「自分リノベーション」と呼んでいる。

モラトリアムシニアが「自分リノベーション」を描くとき

定年を挟んでの、収入の変化、仕事の変化、そしてコミュニティの変化。個々人の制約条件の中で不可避的に起こるこうした変化に、現実的、冷静に対処するために前向きに生きる目的や意味、そして自らの「生きる喜び」を再考する機会が訪れる。そこで見出した新たな人生観、価値観に基づき、その後の人生を生きる最も付加価値の高い「新しい自分のビジョン」を描く。緒方氏の考える「自分リノベーション」とはそうしたものだ。

では、緒方氏個人の場合はどうなのだろうか。

「佐賀県出身、九州大学の哲学科卒という、この業界だけでなく、出身地でも少し変わった存在です。リタイアしたからといっても、いまさら故郷に帰るのは非現実的ですし、かといって東京には仕事のコミュニティしかないわけで……」

緒方氏にとって、東京は仕事のためにやってきた場所。家庭を持った後も子育てや家事にはほとんど参加しておらず、仕事以外の交友関係は少ない。こうした特徴は、私たちの研究における「セカンドライフモラトリアム」の姿と重なる。

一方で、このまますぐにはリタイアできない事情もある。金銭的な不安もあるが、それ以上に、仕事で築いた実績とコミュニティに立脚して、何らかの価値創出を「仕事」として続けていきたいという思いが強いという。

「いま自分自身に、大学進学や就職以来の、あるいはそれ以上のビッグバンが近づいている、という実感があります。でも、どうすればいいのかについては、イメージが頭の中を去来するばかりで、なかなか結論が出せないのです」

何かはしたい。これまでの実績や経験を活かし、かつプライドを維持しながら社会に関わりたい。そして何より、いまさら恥ずかしいことはできない。

いずれにしても、どこかの段階で結論は出さなければならない。緒方氏は、自分ごととして、「セカンドライフモラトリアム」の心情を痛感している。

また、現役のマーケターとしては、こうした問題、不安をシニア自身に気づかせ、解決することが社会貢献につながるのではないかとの意識に転換している。シニアの社会参画をうながすことで、ひいては次世代が抱える高齢社会のコストを緩和するきっかけにもなるはずだからだ。

緒方氏が考える「自分リノベーション」とは、仕事での友人知人、学友などとの関係を見直しつつ、新しいコミュニティ（自分コミュニティ）を構築し、リアルシニアとなった後の「暮らしインフラ」を整備する作業だ。

このタイミングは、人生を放棄でもしない限り必ずやってくる。このとき「モラトリアムシニア」は晴れて、自らモラトリアムを脱するのだろう。

どんなライフスタイルを選ぶのか？

緒方氏は「自分リノベーション」の過程で、シニアの中にさまざまなニーズが生まれると考える。人生最後、自らのライフスタイルを実現するための「最後の消費」。それはクルマや住宅など、大きなものになる。最後なのだから、誰にも文句はいわせない。

この過程では、棚卸しされた自分の価値観に基づく、スマートなライフスタイルが選択されるはずだ。特に、子育てなどのライフイベントが終わり、最後にすべきこと、したいことが決まれば、理想の住環境がイメージされ、住環境のミスマッチを解消するための住み替えが行われる可能性が高い、と緒方氏は見ている。

無駄なものが整理される一方、本当に欲しいもの、最後に手に取るブランドなどを徹底して選好し、心から憧れていた暮らしや、理想の生活を実現する消費が始まる。かつて持てなかった好きなブランドを使いこなす、思い描いていたライフスタイルを実現するために、悔いのない消費を行う層が出てくる。「暮らし方の上昇志向」が手に届く範囲で消費に現れてくるというわけだ。

「私だったら、最後に乗るクルマはフィアット・パンダやミニクーパーがいいと考えています。家族構成上、いままではできなかったスタイルです。好きなクルマを最後まで乗りつぶしたい」

これはまさに、「心のゲート」と「引き算感」を掛け合わせた消費だ。

商機はどこにある？

では、こうした人生を歩んできた緒方氏は、いまマーケターとしてどのような戦略が有効だと考えているのだろうか。

緒方氏が実感を込めて期待している商機には、必要性の高い消費として、不動産（マンション・戸建ての新築および中古物件の売買）や住み替えに付随する家具類、リフォーム関連、家電製品などがある。

さらに、その先にある消費として、ライフスタイルを実現するための自動車やアパレル、スポーツ、旅行、その他レジャー周辺にも定期的に商機が訪れると見ている。

また、自分をリノベーションする過程において、シニア専門の求人サイトや実際の仕事につながる新たなビジネススクールなどが考えられる。

「モラトリアムシニア」をこうした消費に呼び込むためには、緒方氏は「大義名分」に加えて、あくまで「ポジティブなスタンス」が大切であると強調する。

「自分にも当てはまることですのでよくわかるのですが、**決して憐みの眼で見られたくはないし、お世辞の類も使ってほしくないのです。加齢をポジティブにとらえつつ、シニアに対して一定のリスペクトを持ち、ナイーブな気持ちに配慮しながら新しい社会的な意義を与える。**そういうスタンスが、プロモーション全体を通じて感じられてこそ、この難しい層に対するシニアマーケティングは成功します。どこかにほころびがあれば、一気に見透かされ、嫌われてしまうでしょう」

現在、ｊｅｋｉではシニアの「自分リノベーション」と新しいライフスタイルの選択を踏まえたソリューションをクライアントに提案している。その詳細は無論明らかにできないが、ひとつだけ、あくまで一般論として貴重なヒントをいただいた。

「シニア向け案件は、年齢を重ねた層のほうが意図を理解してもらいやすいと思います。担当者よりも私のようなシニアやその予備軍、そしてすでにシニアになっているマネジメント層のほうが、すんなり理解してくれる傾向があるのです」

最後に、私たちのシニア研究に対する期待を教えていただいた。もっとも評価してくださっているのは、出口までがすべてつながっていることだという。

「セグメンテーションという発想自体はさまざまな研究があり、内容も多岐にわたります。その中で、ビデオリサーチの研究の興味深いところは、ただの『打ち上げ花火』で終わっているのではなく、具体的な戦略への落とし込みまですべてつながって見えるという点にあると思います」

どんなに目新しい分析でも、いいっぱなしでは意味がなく、虚業に過ぎないと緒方氏は断言する。掛け声だけで終わらせず、クライアントの業績向上に貢献しながら、シニアマーケット、そしてシニア自身の活力発掘に貢献してこそ、価値あるシニアマーケティングが可能になる。

今後も緒方氏の叱咤激励を受けながら、より具体的な戦略構築、そしてシニア自身が豊かになれる知見の発掘に努めていきたい。

第4章

最有望ターゲット「モラトリアムおじさん」の心をつかめ！

新しいシニアマーケティングの本命とは？

ここまで、現代シニアの価値観をもとに、私たちが見出した6グループのシニアをさまざまな確度から分析し、説明してきた。

6グループそれぞれに際立った特徴があり、価値観に根ざした消費行動やメディア接触などを踏まえればどのグループに対しても、確度の高い戦略を練ることができる。

全6グループごとにマーケティング戦略のヒントをご紹介できればいいのだが、紙幅の関係もある。

本章では、この中で最も有望なグループである「セカンドライフモラトリアム」について、それも男性について詳細に掘り下げていくことにしたい。

なぜ「セカンドライフモラトリアム」がもっとも有望なグループなのか。それは6グループ中に占める比率がもっとも高いからだ。これは特に説明の必要はないだろう。

さらに、「セカンドライフモラトリアム」は、マーケティングの対象としてポテンシャルに満ちたグループである。

「淡々コンサバ」や「アクティブトラッド」のような従来型シニアは、シニア全体に占める比率こそ高いものの、すでにこれまでのシニアマーケティングで研究されてきた層であり、新たに取り組む対象としての優先度は高くない。

あるいは、「ラブ・マイライフ」や「社会派インディペンデント」は、それ自体は極めて現代的な新型シニアの姿ではあるものの、まだシェアは高くない。また、彼らは自ら行動を起こせる層である。

それに対し**「セカンドライフモラトリアム」は、その価値観ゆえにいまだ消費行動を本格的に起こしていないばかりか、背中を押されるタイミングを待っている存在だ。**やがて何らかのきっかけから自らがしたいことを見出せば、モラトリアムを卒業していくだろう。マーケターとしては、そのタイミングにこそチャンスがあるはずだ。

マーケターが見落としやすい「セカンドライフモラトリアム」

私たちは、「セカンドライフモラトリアム」と名付けたグループに、シニア市場を動かす大きな可能性があると考えている。

数が多いにもかかわらず、世のマーケターが放置していた、あるいは気づきにくかったグループなのだ。

このグループは、要するに「普通の人」である。少なくとも現時点ではアクティブさ、積極性に欠けており、目立った消費行動を起こしていない。そのため、なんとなくこうした価値観のグループが存在しているとは思えても、マーケターには規模も内容も把握されにくい。

その結果、打っても響かない、アプローチをしてもリアクションの薄い層として軽視されてきたのではないだろうか。

おかげで、手付かずの宝の山として残されているともいえる。「セカンドライフモラトリアム」にうまく消費を楽しんでもらう方法を見つけたマーケターや企業こそ、大きな成果を出すはずだ。

従来のシニアマーケティングが越えなければならないキャズム（なかなか超えられない溝）こそ、シェアの大きい「セカンドライフモラトリアム」の攻略にあると私たちは考えている。

会社人間のその後とは？

では「セカンドライフモラトリアム」の中でも、なぜ男性が有望なのだろうか。決して女性が少ないというわけではない。

現代シニアの特徴としては、働き方の男女差が大きかったことが挙げられる。男女雇用機会均等法の施行は１９８６年であり、現代シニアの大半はそれより前に社会人になっている。つまり、価値観は似ていても、主として男性は働き、女性は家事や育児を分担するという時代だった。ただ、「セカンドライフモラトリアム」の女性は、この世代としては働いている（いた）比率が高い。男女雇用機会均等法以前のキャリアウーマンのフロントランナー的な存在や、本格的なキャリアまではいかずともパートなど何らかの形で仕事を続け、勤め上げた人の比率が比較的高いことは付け加えておきたい。

これに対し、男性の「セカンドライフモラトリアム」は、ひと言でいうと会社人間であり企業戦士である。

就職後、いまだ人材の流動性が低い中、同じ会社で定年まで勤め上げたタイプだ。価値観の尺度の多くが会社に依拠していて、入社年次や社内での出世コース、年収などを極めて重視している。横並びを好み、目立つ行動や自己主張、変化は選好しない。

社会的には、戦後日本企業が生み出した、最後の標準世帯モデルだ。若いころに右肩上がりの経済成長を、中堅社員期にバブル崩壊を経験したものの、定年まで勤め上げた、という姿が浮かんでくる。

そんな彼らが60歳を迎え、さらに雇用延長期限の65歳を迎えると、唯一のコミュニティだった会社という場を失い、名刺も肩書もスケジュール帳に入れる予定もなくなる。頭ではわかっていたはずだが、いざそういう状況になると閉塞感ばかりが募り、定年後に引きこもりになる人もいる。

同じ「セカンドライフモラトリアム」でも、女性の場合は出産や子育てなど、ライフステージが自然に変わることに伴い、人間関係やコミュニティとの付き合い方が変化することには比較的慣れているため、男性と比べ急激な変化はなく、また男性ほどの喪失感もないであろう。

もちろん、「セカンドライフモラトリアム」の男性にも、人とつながりたいという意識はある。しかし、それまでの社会生活が会社中心だったため、どうしたらよいのかがわからないというのが本音だろう。いまさら会社以外のコミュニティにどういう言語が通じるかわからず、悶々としているのだ。

何かをしたいとは思っている。何かをしなければ毎日の時間が埋められない。これからをどう過ごしたらよいのか模索している人々。それが、「セカンドライフモラトリアム」の男性の姿だ。

ただ、よく考えてみていただきたい。これこそひと世代、ふた世代前の普通の男性の姿ではないだろうか。彼ら自身、かつて「濡れ落ち葉」と呼ばれた、自分たちの前の世代を見ているからこそ、自分はああはなりたくない、という意識もある。

そんな「セカンドライフモラトリアム」の男性を、ここからは親しみを込めてモラトリアムおじさんと呼ぶことにしよう。

彼らの背中をうまく押すことができれば、シニア市場は間違いなく活性化するはずだ。私たちの研究では、モラトリアムおじさんも本音では、変わりたい、変わらなければならない、そのための消費や投資は惜しまないという気持ちを持っている。

いずれにしろ、まじめに会社を勤め上げた人間だ。会社人間だったということは、少なくとも会社に適応して活躍していたのであり、経験やスキルなどさまざまな資産を持っていることは間違いない。

自分で決めたようで、自分で決めていない人生

ここからは、モラトリアムおじさんについて、私たちの定性調査で得られた生の声を紹介しながら、より深くそのペルソナを掘り下げていきたい。

私たちが、今回の『シニア1000人調査』でグループインタビューを行った際、同じグループの同じ性別の対象者を、3人ずつ当社にお招きした。

そのとき驚いたのは、モラトリアムおじさんの3人は、それこそ判で押したように、同じ格好をしていたことだ。ダークな色合いのジャケットに、しっかり襟の付いた白いシャツ。ネクタイこそ締めていなかったものの、そのまま会社に行けるようなスタイルだった。インタビューは休日に行われ、しかもすでにリタイアしているにもかかわらず、である。

服装だけではない。話を聞いてみると、**生活も、趣味も、旅行の行き先も、ほぼすべて妻任せであり、いってみればあらゆる行動のよりどころが妻である点も共通していた。**

「女房がいろいろうるさくて」
「○○が欲しいんだけど、女房が嫌がって」
「旅行の行き先はいつも妻任せ」
「妻が探してきた習い事に通っている」

終始こんな具合なのだ。

これは、妻との関係に限ったことではない。**彼らの言葉を借りれば「自分で決めたようで、自分で決めていない人生」なのだという。**

社会の常識や会社のルールなど目の前にあるレールを脱線しないよう、速度を守りながらきちんと走り続けてきたのである。

そのためいつしか、「こうありたい」「こうなりたい」という明確な自分像が薄れてきて、他人から期待されたことに応えるのが性《しょう》に合うようになった。リタイアしたら家でのんびり、ペットの散歩や庭いじりをしているイメージしか湧かない。そんな自分に納得はできないのだが、かといって具体的なアイデアはない。

「いまから何になりたい、ということはない」

「何かやったほうがいいんだろうけど……」
「会社にいたほうがラクだった」
「いまさらボランティアといっても……」
「子育てすら参加していないのに、リタイアしたら家でいったい何をすればいいのか？」

すべてを会社での生活に捧げ、優秀な会社員として、組織の一員として働いてきたため、自分を押し込め、適度な束縛の中で指揮系統に組み込まれ、役割を果たすことには長けていても、そこから外れるとまったく方向性を見失ってしまう。

人付き合いは、自らは積極的ではないものの、誘われれば付き合う。誰かが誘ってくれるのを待っている。あくまで受け身である。

社会人になって以降のコミュニティは、会社がベースになっている。

「友人はほぼ元の会社。年に2回ほど会う」

「実家や学校のころの友だちとは離れている」

「いまさら田舎に戻れないし、話題も合わない」

「友人関係は少ない」


もともと会社中心だった人間関係がリタイアによって一気に希薄になり、毎日顔を合わせていた人との接触も年に数回にまで落ち込んでしまう。

こんな状況だからこそ、**実は心の中では、仕事以外の生きがい、新しいコミュニティを渇望している。**


「パンづくりを習い始めた。作るのは楽しいが、他の生徒との会話が辛い」

「かつては地域の子どもにソフトボールを教

えていた。そのときは会社以外のコミュニティがあった」

そんなモラトリアムおじさんだが、第3章でも紹介したとおり、意外にもデジタルガジェットには関心が深く、保有率も高い。

「iPhoneやiPad miniを所有」
「読書はKindleで」
「らくらくスマホは年寄り向け。自分じゃない」
「情報収集はほぼネット経由」

しかし、おしなべて自ら発信することは好まない。Facebookはアカウントを持っているだけである。友人の動向を見はするが自らの情報は発信しない、読むだけ・見るだけの人だ。

何人かのモラトリアムおじさんに、自分の人生の充実度を折れ線グラフのように表現してもらうと、節目には見事に会社での出来事が並び、個人や家族のイベントは目立たなかった。受験の成功・失敗や、就職、出世などによって充実感が上下しやすい。数字で表せる結果へのこだわりが強く、ランキングも好む。

もちろん、家族を無視しているのではない。ただ、直接家族とのイベントに関わるのではなく、働き手として家族全員を養うため、より社会的に高い地位に昇り、稼ぐことこそが、自らの価値だと考えていたのだろう。

トップには憧れるが、かといって実際は2~3位にいるほうが居心地がいい。「偏差値58~62」の人生を好み、平均よりも少し上に位置していることに自負と満足を感じている。

「モラトリアムおじさん」の悲哀

会社に人生を捧げ、自らもやりがいを持って働いてきたモラトリアムおじさんだが、55歳ごろには役職定年が、60歳には定年が訪れる。年金支給開始年齢の遅れの影響を受けて65歳ごろまで働くが、団塊世代であればこの段階も過ぎている。

この間、リタイアを意識する時間があったはずだが、どちらかといえば考えることを先送りにしてきた。そんな彼らの意識をまとめると、次のようになるだろう。

「まだまだ『会社員』でいたい」

「フルタイムで働きたい」

「責任のない仕事は寂しい」

「結局いまでも毎日決まった時間に起きて、決まった時間に家を出る。そうじゃないと落ち着かない」

「趣味を持つのはいいが、コミュニケーションが苦痛」

「早く目覚めても、なるべくじっとしている」

「人生は計画どおりだった」

「男は仕事をしてなんぼ、稼いでなんぼ、耐えてなんぼだ」

「同期に会うのは年に数回。話題は病気の話、孫の話、過去の仕事の話」


仕事人間としてのプライドが強く、仕方がないとわかっていても過去にこだわってしまう。経済的に満たされていても、家族がいて

も気持ちが満たされない。

まさに「モラトリアム期」なのだ。

いまがつまらなくとも、実績と自負、そしてプライドがあるため、なかなか新しいことに踏み出せない。

本心をいい出せず、またいい出さないことが美徳だと考えている。いまさら恥をかくのは辛いし、一定程度はリスペクトされたほうがうれしい。

では、そんな彼らを家の外へ、社会へ、消費へと引き出すヒントは、どんなところにあるのだろうか。

「モラトリアムおじさん」攻略のためのキーワード

リタイア後、何もできないでいるモラトリアムおじさんだが、モラトリアムであることを是としているわけでは決してなく、心ひそかに「変わりたい」という気持ちを持っている。そして、多くのモラトリアムおじさんはどこかで転機が訪れるのを待っている。

シニアマーケティングとしては、こうしたタイミングに好機が眠っている。モラトリアムおじさんにきっかけを与え、後押しをすることでできるだけ早くモラトリアムを脱してもらい、消費性向が低いまま積極性を失っていくのを防ぐのである。そのことが、彼らへの救いの手となり、シニア市場の活性化をもたらし、最終的にはよりよい社会をつくることにつながっていくはずだ。

では、モラトリアムおじさんに対してマーケティング戦略を構築する際、どのような攻略法が適切かを考えてみたい。

具体的には、モラトリアムおじさん特有の価値観から生まれている不安、不満を解消する6つのキーワードを挙げてみた。

シニアマーケティングに関わる人たちに、マーケティング・コミュニケーションを組み立てたり議論したりする際のヒントにしていただければ幸いである。

(1) 再開/リベンジ

モラトリアムおじさんは仕事人間だったが、心のどこかには自分の好きなこと、やりたいことを抑制してきたやり残し感がある。

新型アクティブシニアである「ラブ・マイライフ」や「社会派インディペンデント」から見れば、やりたいことがあるならやればいいだけである。しかし、モラトリアムおじさんの場合、かつて好きなこと、やりたいことがあったが、家庭のため、仕事のためという名目で諦めてきた。

若いころは大型バイクに乗っていたが、子どもが生まれたりマイホームを購入したりしたのを機にやめてしまったようなケースだ。

「ラブ・マイライフ」や「社会派インディペンデント」にもやりたいことを我慢する時期はあるが、制約がなくなればすぐに動き出すし、それ以前から解放のタイミングを心待ちにしていることと比較すると、違いが際立つ。

モラトリアムおじさんは、「心のゲート」が閉じてからの期間が極めて長く、40年以上経過しているケースもある。こうなってくると、もはや何をやり残しているのか自分でもわからなくなってくる。

しかも、こうした思いを率直に相談できる人間関係に恵まれていない。逆に、そこにアドバイスや提案があると救われるのである。

そこで、いままでは仕事中心の生活でできなかったこと、十分にやり切れていなかったことを、もう一度できる機会と情報を提示する。

マーケティングの手段としては常套的だが、響く言葉や音楽、ゲートが閉じた時期に流行したものなどでアプローチしていき、もう一度「心のゲート」を開かせるきっかけをつくりながら「コト」を提案していくのである。

なお、「ラブ・マイライフ」のようなタイプはやりたいことがあればすぐ行動に移してきたため、こうしたアプローチはあまり効かない。むしろ、次々新しいことを提案するほうが効果的である。

(2) 大義名分

モラトリアムおじさんは、自ら積極的に動かないが、他者からの「きっかけ」を待っている。きっかけがあれば動く。

会社人間として社内事情などには敏感だから、役職定年あたりのタイミングで自らのリタイアが迫っていることはよくわかっている。しかし、リタイア後のことについては、考えたくないし、考えられないまま日々を過ごしてしまう。

リタイア後も、時間的、心理的に大きな空洞を抱えたまま、自分ではそれを埋めるわけでもなく、動かざるを得ない理由、いわば大義名分の到来を待っている。そして、**自分のプライドを満たし、妻や友人に顔が立つ理由があれば「仕方がないなあ」といいながら動き出す。**

重要なのは、自分に対すると同時に対外的な〝言い訳〟があることだ。

積極的に自ら動く「ラブ・マイライフ」や「社会派インディペンデント」とは異なり、

モラトリアムおじさんは、単に「好き」「買いたい」「行きたい」という自分理由だけでは動けない。「動くことが求められている」「買う必要がある」「行かなければならない」といった理由付けがあると行動しやすくなるのだ。

肩書や名刺、居場所があり、頼まれれば動くし、動きたいというのも同じことだ。自分のためではなく他人のため、社会のためになる、請われたから仕方なく、どうしても断れなくて、などというエクスキューズがあるとうれしい。

本人に直接働きかけるより、妻など身近な人から頼まれたり勧められたりすると、「しょうがないなあ」といいながら、素直に受け入れる傾向がある。マーケティング戦略においては、妻や子に向けたアプローチのほうが有効かもしれない。

なお、モラトリアムおじさん同士がこうした大義名分のもとに集結すると、妻や家族の手前もあって、思わぬ力を発揮することがある。

(3) お墨付き

モラトリアムおじさんは、「横並び」を好む。そのため、周囲の人が持っているものが欲しくなる。

自らが所属している集団の中で、自分がどこに位置しているのかにもこだわる。高すぎても低すぎてもダメで、肩書も出身校も、少し高いくらいが居心地がいい。

これは価値観もさることながら、時代として終身雇用が大前提であり、実際に最後まで勤め上げた世代であることも理由だろう。あるところまでは同期の出世横並びで、マイホームを買うタイミングも横並びという時代だから、目立ちすぎてもダメなのだ。

いまさら「くだらない」「なんだかわからない」ものには参加・参画できないが、世間から「いいもの」「すごいもの」「社会に貢献しているもの」などといったお墨付きを与えられていると価値を感じる。

××会社のプロジェクト、○○大学の公開講座、△△市における地域貢献といった、ストーリーを説明しやすいものなら安心して参加する。**みんなが知っているもの、持っているもの、大勢が支持しているものやことには手を出しやすいのである。**

（4）達成目標

モラトリアムおじさんは基本的にまじめなコツコツ型人間であり、仕事人間としてのプライドも強い。

仕事が好きであり、仕事での成果やその結果の昇進、まわりの評価が生きがいであった。「自分がいなければ会社が回らない！」という状況にプライドと責任感を感じていた分、ある日、役職定年や定年に直面してショックを受ける。

時代背景からしても、「仕事好き」「趣味は仕事」が当たり前で許された時代の申し子である。「男はいい仕事さえいればそれでいい」という信条のもと、きちんと給料を稼ぎ、妻や子どもを養っていることが喜びであり誇りだった。ワークライフバランスなど、いまだによく理解できない。

このように仕事こそが人生の充実度を示すバロメーターだったので、**リタイア後も数値などによる具体的な達成目標があると、それをクリアすることに新たな充実感を見出しやすい。**

例えば、ただ旅行に行くのではなく、事前に権威ある人から学んだ後に行く、といった仕掛けがあるとよい。

「3か月後の到達目標はこうだ」「テストや資格試験がある」「最終的なゴールは○○だ」「発表会を行う」「努力すれば開業もできる可能性がある」などといった説明も心に響くはずだ。

(5) 無所属不安の解消

モラトリアムおじさんにとっては、長年の会社人生の影響で、「適度な束縛」がかえって安心感につながる。まったくの自由はむしろストレスになるのだ。

終身雇用のもと、頑張りながらも目立ちすぎないよう、優秀な社員として会社に貢献してきた。その期間があまりに長かったため、会社の指揮系統や文化背景による「適度な束縛」が当たり前になっている。それがなくなり、誰からも指揮命令を受けなくなると、自由すぎて居心地が悪くなるのだ。それゆえ、一定の方向性を指し示す磁石や、規則正しいリズムを刻むメトロノームのような存在が身近にいると安心する。

会社員でなくなった途端、帰属先がなくなる。オフィス（行き先）も、役職名も名刺もスケジュールもすべてを失い、完全な無所属になってしまったことに対して戸惑いを感じている。

そこで、スケジュール帳が埋まる用件が生まれ、出勤先や肩書、帰属先、あるいは端的に名刺を持てる状況に収まると不安解消の効果が高い。決まった曜日の決まった時間に予定があると心が安らぐ。オフィシャルで、対外的に話しやすく、資格などが伴うとよいだろう。

（6）新しいコミュニティ

モラトリアムおじさんも、人との「つながり」は重視している。親しい友人がいないことに不安もある。

会社が「家」であり、同期、同郷、同僚、同役職といった具合に、社会人になってから親しく過ごしてきた人は、会社ですべて賄えた。

平日はほとんど会社の誰かと顔を合わせていたのが、リタイア後はいきなり年2回などとなってしまう。情報もすべて会社で得ていたので、リタイア後は妻を除くとほとんど情報が入らなくなる。社会とつながっている実感がなくなり、隔離感を感じる。誘ってくれる人、遊んでくれる人など地域や趣味のつながりをつくりたいのだが、プライドが邪魔をしたりして、どうしても踏み出せない。

しかし、**新たなコミュニティに参加できる仕掛けがあると動き出す。**

次に紹介する横浜市港南区社会福祉協議会の事例のように、誰かがモラトリアムおじさんに参加のきっかけを与え、オーソライズしたり、リスペクトしたりしながら励まし、時に発破をかけていくと、もともと事務処理やプロジェクトの企画運営能力があるだけに、いきいきと活動を再開できる。

新しいテクノロジーに関心があるため、パソコンやスマホでのアプローチも効果的である。

【事例3　男のセカンドライフ大学校】

モラトリアムおじさんたちは再び、力強く走り始めた！

社会福祉法人　横浜市港南区社会福祉協議会　事務局次長　若林 拓氏
社会福祉法人　横浜市港南区社会福祉協議会　主事　若尾ちづる氏

横浜市港南区。リタイアした世代が多く住むこの地に、モラトリアムおじさんたちを再び社会に引き出し、自ら走り始めるきっかけをつくっている、すごい社会福祉協議会があった！

ボランティアをスカウトせよ！

再開、大義名分、お墨付き、達成目標、無所属不安の解消、そして新しいコミュニティ。私たちが、モラトリアムおじさんを攻略するためのキーワードとして挙げたものだ。このラインナップを見て、読者の中には「いったい、どのようにそれらを統合していくのか」

と疑問を持たれた方もいるかもしれない。

その答えを、見事すぎるほどの鮮やかな手法で実践している実例が、横浜市港南区にあった。横浜市港南区社会福祉協議会、いわゆる「社協」である。

詳しい解説を伺う前に、同社協の事務局次長、若林拓氏に、社協そのものの立ち位置から教えていただいた。


「役所の一部と誤解されることも多いのですが、社協は社会福祉法人で、私たちも公務員ではありません。ただし、社会福祉法によって定められた組織であり、その点では公共性の高い組織です。活動の範囲は、高齢者だけでなく、障がい者や児童など、社会福祉の多岐にわたります」


どこまでが役所側の仕事で、どこからが社協の仕事なのかは、自治体それぞれによってさまざまなケースがあるという。

そんな社協と、モラトリアムおじさんとの間に、どんな関係があるのだろうか。

「私たち社協は、普段なかなか一般の現役世代の方と触れ合う機会はありませんが、災害発生時は例外です。災害時のボランティア活動には現役世代の方々の参加も多く、その受け入れやコーディネートを行う災害ボランティアセンターの運営は、非常に重要な役割だと考えます。ただ、災害時に限らず、日ごろからもボランティアの担い手を探しているのです」

実は今回私たちが紹介したいのは、港南区社協主催の『男のセカンドライフ大学校 エンジョイ! セカンドライフ』という企画である。

その名のとおり、セカンドライフを模索している男性参加者を募り、さまざまな講義や企画を連続して行っていくのだが、そのもうひとつの目的と、運営ノウハウに注目すべきものがあるという話を聞きつけたのだ。主事の若尾ちづる氏は次のように語る。

「『男のセカンドライフ大学校 エンジョイ! セカンドライフ』には、地域にいるはずの有能なボランティアの担い手を発掘するという、もうひとつの重要なテーマがあります。企業で重責を担われた後、引退して自宅にいらっしゃる男性が多いという噂を、地域の人、特に社協の施設に出入りされている奥様方から得ていたのです」

つまり、私たちのいうモラトリアムおじさんに代表されるシニアを家から引き出し、地域の担い手として「スカウト」するというのだ。高齢化社会の進行で、社協のニーズと仕事量は年々高まっている。行政でも財政効率化の中、直営では賄いきれない事業を社協に委託している。

「地域で起きる社会福祉の課題解決を、地域の力で、住民も参加して一緒に行うのが社協の特徴であり、面白さでもあるのです」（若林氏）

『男のセカンドライフ大学校』は当初、港南区社協独自の企画としてスタートした。そういった中、港南区役所も地域活動の担い手不足への対応を地域と共に取り組んでいたことから、2014年からは区役所からもサポートと予算がつくようになった。社協にとっても、こうした地域組織の担い手は、重要なカウンターパートである。

モラトリアムおじさんにアクセスせよ！

実際に、『男のセカンドライフ大学校』はどのような内容で行われているのだろうか。

カリキュラムの例を見ると、一見、楽しそうな企画が並んでいるように思えるかもしれない。だが実は、その一つひとつに、そして並べ方や運営方法に至るまで、モラトリアムおじさんたちを自宅から連れ出すノウハウが詰まっているのだ。

企画と運営に携わっている若尾氏には、かつて失敗した経験があった。

「こうしたプログラムを用意すると、人はそれなりに集まってくださるのですが、どうしても70代後半～80代のお元気な方、常連の方が多くなります。それはそれでありがたいのですが、ボランティアを担ってくださるような、社会経験も体力も豊かな60代の男性はなかなかお見えにならない。なぜなのだろうと考えていたのです」

若尾氏は、特別養護老人ホームでの勤務経験があり、主任ケアマネージャーの資格も持つ。さまざまなシニアとコミュニケーションを取りながら、情報とニーズを吸い上げるすべに長《た》けていた。

そこで、狙っている60代のリタイア男性と関わりがありそうな人たちに話を聞いて回った。すると、意外な声が集まってきた。

当該男性の奥さん方からは、次のような意見が多かった。

『セカンドライフ大学校』のカリキュラム例

日時：平成27年7月2日(木)〜9月11日(金)の6日間
場所：福祉保健活動拠点、ウィリング横浜、
　　　港南中央地域ケアプラザ、下永谷地域ケアプラザなど

第１回　「発見！　港南区の魅力」
　　　　〜我がまち再発見！〜

第２回　「メタボよりも怖い　ロコモ!?」
　　　　〜スポーツジム体験〜

第３回　「サバイバル　大震災から命を守る」
　　　　〜地域防災拠点・災害対策〜

第４回　「お酒を美味しく楽しく嗜むために！」
　　　　やさしい相続の話！

第５回　「認知症を知ろう！」
　　　　〜日ごろの予防が大事〜

第６回　「実践！　アウトドアライフ！」
　　　　〜炭焼きサンマで地域交流〜

・リタイアしてから、毎日ずっと家にいて、邪魔でしょうがない！
・買い物も外出も、ずっと付いてきて煩わしい。
・何かやるなら、ぜひお昼ごはんを付けてほしい。準備をせずに済むので喜んで送り出す。

同年代の男性からもヒントを得ることができた。

・決まった時間、決まった曜日にしてもらえると動きやすい。
・広報紙や回覧板にお知らせがあっても、そもそも見ない。
・妻から言われれば、行ってもいいかな。
・ちゃんとしたプロが講師でないとその気にならない。
・可能ならお酒が少し飲めて、参加者同士が自然な形で交流できるとうれしい。

社協の企画において、独自の宣伝を打つことは難しい。広報紙、回覧板、そしてチラシやポスターの掲出が限界だ。だがそれだけでは、来てほしい60代男性には情報が届かない。

一方、家にいる男性は奥さんのいうことはよく聞く半面、少々気の毒だが当の奥さんからは疎まれ気味だ。女性は子育ての関係などで仕事以外のネットワークがあり、自分の周囲に楽しみや予定を見つけるのも比較的得意である。そこに、リタイアした夫が毎日、しかも一日中家にいるようになると、食事の支度から話し相手まですべてしなければならなくなり、あまりに煩わしい。

こうした情報と考察から、若尾氏は『男のセカンドライフ大学校』のプログラムを組み立てていったのである。

カリキュラムに隠されたあの手この手

まず、対象は70歳以下の男性に限定した。そして、70歳以下の男性が興味を持ちそうなプログラム（1日）を3か月で5～6回、然るべき順序で行う。

最初は、自己紹介、生まれ故郷（3分の2が県外）の確認、互いの趣味、そして港南区のマップを用意して家に印を付けてもらう。そして、区内でお気に入りの好きなところや場所を語ってもらい、地元の情報を掘り下げるきっかけにする。また、シニアなら誰でも関心がある健康ネタを織り交ぜる。

3回目あたりでお酒の機会を用意する。地元の酒屋や、参加者のつてを頼った大手ビールメーカー担当者などが講師として登場し、お酒をテーマにした話をしてもらい、試飲するのである。これで運営側と参加者側、そして参加者同士で距離がぐっと縮まる。

実は、社協の企画で名目は何であれ、飲酒を組み込むのはハードルが高い。何かトラブルがあったらどうするのか、という慎重論が強いからだ。だが、『男のセカンドライフ大学校』では若尾氏の熱意を上司が買ってくれ、挑戦できたという。

距離が縮まったところで、もうひとつの目的である地域へのボランティア活動について、説明を始める。個人の知識欲を満たすものから、地域の抱えている課題研究へと徐々にシフトしていき、自分の持っている力が地域に活かせるのではないかという可能性に気づいてもらうのだ。

最後には、実際に公園でサンマを焼いて保育園の園児たちや地域の人に振る舞ったりしながら、交流と社会貢献の楽しさを体感してもらう。

案内チラシは、徹底的に「奥さん」に訴求する内容に変えた。昼食が付いている、少なくとも3か月に5、6回は長時間家にいない日ができる……。暗にそうアピールすることで、奥さんが勝手に申し込むケースまで起こった。

参加費は無料にはせず、社協の企画としては比較的高い6回4800円に設定した。1回当たり800円で、ちょうど外食ランチ1食分になるラインだ。また、ある程度高めの設定にすることで、今回の企画趣旨にマッチするコアターゲット層へ訴求することを試みた。

さらに、講師はできるだけプロにこだわった。女性向けのプログラムでは手づくり感が魅力になるのに対して、男性向けの場合は権威と肩書、実績のある講師が好まれるからだ。

同時に、できるだけ地元の店舗や施設に協業を持ちかけ、地域振興と低コストでの運営の両立を図った。例えば地元のスポーツジムの定休日に講座を設定し、健康づくりについてジムのトレーナーにコーチしてもらいつつ、参加者には体験無料券を配布してジム側に販促としてのメリットを感じてもらえるようにした。

だいたい初回、2回目までは参加者同士の雰囲気は打ち解けない。あいさつもせず、互いに知らん顔が続く。肌に合わず来なくなる人も出てくる。だが、中盤でお酒の機会が入ると、だいぶ打ち解けてくるようになる。

最初は口もきかなかった人同士だったのに、互いに顔と名前が一致し、打ち解けていく。たまたま港南区にマイホームを買っただけで、それまではひたすら家と都内や横浜都心部の職場とを往復しているという縁しかなかったモラトリアムおじさんたちが、地域、そして互いの存在を再発見、新発見できるようになるのだ。

そして、モラトリアムおじさんは走り始める！

ここまでくれば、連れ出しは半ば成功したも同然である。

当初の個人的なテーマから、地域には課題があること、解決のために参加者にできることがあることを印象づける。特に防災は男手が貴重になる分野であると同時に、やってみると男心がくすぐられるのだという。

参加者の間に横のつながりができ、最終回、公園でサンマを焼き、地域の園児たちに振る舞いながら一緒に遊ぶころになると、多くの参加者が、初回とは打って変わって、名残惜しさ、喪失感を覚えるようになる。

ここで若尾氏は、本来5、6回で終了するはずの企画に、実はあらかじめ用意してあるオプションが存在すると明かす。

この大学校で集まった同期生で組織を立ち上げ、地域のためにみなさんの力を役立ててほしい、と呼びかけるのだ。

会の名称、役員や目的、定例会の日程も定め、それ以後は「自走」「自主化」してもらう。ただの遊び仲間になっても、飲み仲間になっても構わないのだが、彼らに期待し、頼りにしたいという本心を明かすと、意気に感じ、その後もボランティアや社協の活動に協力してくれるのだという。

「会の名前が決まり、定例の集まりが決まると、スケジュール帳が埋まる喜びがあるようです。ついこの前まで働いていらっしゃった方ばかりですから、動き出した後の企画力やマネジメント力は、やはりすごいものがありますね」（若尾氏）

若尾氏のほうでは、いわゆる「ゴミ屋敷」の片付け支援、若年性認知症患者との交流、不登校や引きこもり児童との交流、障がい児の余暇支援など、可能な限りさまざまなボランティアの機会をセットし、助けてもらっているという。

モラトリアムおじさんにはそれまで触れ合ったことのない世界ばかりで、当初は懸念の声も上がるが、福祉的な視点と課題解決の重要性を解き、とにかく頼って、頼み込んで現場に連れていき、会わせてしまう。すると「しょうがないなあ」という決まり文句とともに、必ず力になってくれるのだという。

さらに、参加者の中でも特に社協の事業に理解を示し、またスキルと信頼のある人に対しては、一本釣りの形でのスカウトも行う。

ボランティアの中には、高齢者や障がい者などを対象に、自宅から病院などへの送迎サービスを行うドライバーのように、わずかではあるが手元にお金が入るケースがある。これも、人柄と特性を見極めながら、声を掛けていく。

これまで、卒業生の中から自治会長が誕生し、横浜市の委嘱委員や防災ライセンスリーダーといった地縁系組織の中核を担う人材も出てきている。

つい先日まで、毎日家に閉じこもっていたモラトリアムおじさんも、うまく動線を用意してもらえれば再び走り始めるのだ。

やっと出合えた、自分の場所

「困っているから来てほしい、と頼むと、『いやぁ、仕方ないよな、この前の講座で飲んじゃったもんな』と言い訳しながら助けてくださる。みんながいる場ではむっつり黙っていた人が、解散後にやってきてこっそり頼みを引き受けてくれる。うれしかったと同時に、これがこの世代の男性の考え方、流儀なのかと驚きました」

若尾氏には、いくつか運営のコツがあるという。肩書や元の職業は、当初は決して聞かない。フラットな関係が築きにくくなるからだ。ただし、ある程度互いの関係性ができてからは、バックグラウンドを活かしてもらうために引き出していく。

そして**何より、「頼りにしている」ということを強調することが大切だという。**「あなたじゃなきゃダメなんだ」「あなたの力で地域の課題を何とかしてほしいんだ」というフレーズが、シニア男性の責任感とプライドをくすぐる。

生き生きと動き始めたモラトリアムおじさんを見て、若尾氏はいつもこう思う。

「みなさん、『やっとこういう場に出合えた』という感覚があるのだと思います。退職して会社には戻れない、近所には友だちもいない。自分の居場所は家庭だけ。でも、新しく自分を活かせる場が見つかった。そのうれしさがみなさんの表情からにじみ出ているのです」


マーケティングからアプローチしてきた私たちとはまったく違ったルートで、モラトリアムおじさんたちにアクセスしてきた横浜市港南区社会福祉協議会のケースは、見事に彼らを自宅から地域へ連れ出しただけでなく、経験と知識といったマンパワーまで引き出すことに成功していた。

能力はあるのに背中を押されるのを待っている人である「セカンドライフモラトリアム」。動線のつくり方、そしてアプローチの仕方が正しければ、大変な価値を発揮できる。

私たちの研究では、この層はシニアの3割近くを占める最大勢力なのだ。

今後も若林氏、若尾氏と交流を進めながら、私たちも「セカンドライフモラトリアム」に対するアプローチ研究を深めていきたい。

第5章

シニア研究の未来

「モラトリアムおじさん」の未来

マーケティングにおいて現在は、「セカンドライフモラトリアム」が狙い目の時期であると断言できる。

ただ、私たちは今回「セカンドライフモラトリアム」の男性に限ってお見せしたさまざまな知見を、他の5タイプにおいても、男女別に応用したいと考えている。

「セカンドライフモラトリアム」を含め新型シニアは、少なくとも今後10年程度は増え続けていくだろう。つまり、本書で述べてきた新型シニアに関する知見の価値は、同様に拡大していくはずだ。

さらに中長期的に、シニアの価値観はより分散化、多様化していくだろう。結果として、現在の「セカンドライフモラトリアム」は、終身雇用の崩壊、会社人間の減少などにより、いずれ減っていくのではないかと考えている。今後、晩婚や少子化がどう影響してくるのか、興味は尽きない。

現在、シニア層の多くを占めている団塊世代と、その次の世代（かつて「しらけ世代」などと呼ばれた）の間でも、私たちの研究では少なからぬ違いが見出されている。

例えば、同じモラトリアムでも団塊世代は休日であろうと外出する以上はしっかりとした格好をすべきという価値観を持っているのに対し、次の世代ではよりカジュアル慣れしカジュアルに対する許容度も広がっている。

今回は男性に関する研究成果の紹介が中心であったが、当然女性に対する研究も可能であるし、また6グループ別で見た場合、夫婦の組み合わせがどうなっているのか、どのような特徴があるかなどについても、引き続き研究を深めていきたいと考えている。

ビデオリサーチの知見

シニアマーケティングについてはまだまだわからないことも少なくない。迷っている企業、担当者も多いはずだ。

私たち、ビデオリサーチひと研究所VRエイジング・ラボでは、さまざまなシニア課題に向けたソリューションを準備している。

今回述べてきた6グループのタイプ分け（シニア価値観セグメント）においては、その分析過程において、生活価値、情報・購買に関する意識、食、衣、仕事、家族、人との交流、エイジングなどといったあらゆる分野における生活意識項目（全141項目）から、最終的に「その人を構成するベーシックな価値観」を説明できる変数を19項目まで絞り込んだ。個別のケースにおいて、特定の対象者がどのグループに当てはまるか、また具体的な商品やサービスが各グループにおいてどのように受け止められるかという判別ロジックも構築しており、オリジナル調査に組み込んですぐに使用できるようになっている。

また、現在私たちは自社の生活者調査『ACR／ex』、およびその年齢拡張バージョンである『Senior＋／ex』にもこの生活意識項目を組み込んでおり、これと各企業が行う独自調査を結びつけることも可能である。

独自調査を実施する代わりに『ACR／ex』や『Senior＋／ex』を使えば、自社ブランドを使っているのは誰か、潜在顧客層はどこにいるか、などといったターゲットの把握、確認のほか、使用意向のあった人が本当に使っているかなどのトラッキングに利用したり、メディアプランの策定、メディアプラン最適化のチェックといった、コミュニケーションプランのPDCAサイクルに活かしたりすることも容易だ。

プロモーションはもちろん、商品開発、視聴者層や嗜好性変化の把握において、自分たちはどのグループに強く、どこを逃しているかなどといった、具体的な課題分析や改善の可能性を提案することができるのである。

これまでメーカー、テレビ局、新聞社、広告会社などにおける利用実績があり、流通、通販旅行企業などからも広く相談を受けているところだ。

このように、私たちのシニア研究は、入り口（セグメンテーション）の独自性だけにとどまらず、出口（ソリューション）まで明快な方向性を出せることに最大の特徴がある。

本書の内容をさらに詳しく解説し、また最新の情報を織り交ぜながらクライアントごとにカスタマイズしたワークショップも開催している。

現代シニアを理解するための研修プログラムとして使っていただければ幸いである。


今回解説した調査で、シニアのすべてが見えたわけではない。

今回の調査は首都圏のみであり、地方のシニアの動向には私たちも大いに関心がある。引き続き研究を深めていくにあたり、クライアント企業、そして読者のリクエストに応えられるよう努力していきたい。


また、ビデオリサーチひと研究所では、「考え方のクセ」と呼んでいる生活者のタイプ分けに関する研究も行っている。大量の情報があふれている現代において、生活者には情報を入手したりモノやサービスを購入するときに現れる思考特性、「考え方のクセ」があることに着目したものだ。

詳しくは、『ビデオリサーチが提案するマーケティング新論　マインド・ホールを突破せよ。』（ダイヤモンド社）で解説している。

2030年のシニアはどうなっている？

本書の結びに変えて、2030年のシニアの姿をいくつかのキーワードによって予測してみよう。

- おひとりさまシニアの増加
- 2世帯／3世帯近居率の増加
- 中高年の独身の子どもと同居するシニアの増加
- 女性も普通に働き、定年退職が当たり前に
- 会社を早期退職し、独立・起業するシニアが増加
- 夫婦の形が変わり、「卒婚」や週末のみ同居が増える
- 75歳まで働く、働かざるを得ない
- デジタル機器に慣れ親しんだ世代がシニアになる

・意識面で若者とシニアの境目はより曖昧に
・健康管理などのセルフケアへの支出が増える
・心もお金も独立したシニアが増える
・人生のしまい方を自分で決めるシニアが増える

結婚するのがあたり前だった現代シニアから、生涯未婚率が上昇し、3分の1は「おひとりさま」シニアの時代を迎える。家族前提の消費は、個人消費へ変質していく。生産活動を余儀なくされるセカンドエイジが続き、なかなかサードエイジが来ず、あるいはサードエイジ自体がなくなっているかもしれない。

年金不安はいよいよ現実のものとなり、健康管理などのセルフケア、人生のしまい方いわゆる終活など、金銭面を含めセルフデザインするシニアが増えていく。

若い世代との意識面での境目は、ますます曖昧になっていく。そして、現在のシニア属性はおそらく大きく変容していくだろう。社会背景が異なればシニア像も異なる。私たちはこれからもそれを追い続けたい。

いまのシニアをとらえ、同時に未来について、いまやっておかなければいけないことは何なのか。私たちは、日本の第一線を担う企業のみなさんと協働を続けていく。

あと10年、20年、遅くとも30年もたてば、私たちも本書をお読みいただいた読者諸氏も、ほぼ全員がシニアになっているだろう。

そのとき、シニアが元気に、幸せに暮らせるソリューションを開発する。それはいまのシニア層だけでなく、実は私たちみんなのためでもある。

自分たちがシニアになったとき、幸せであり続けられるかどうか。

新しいシニアマーケティングは、そこから始まる。

【参考文献】

- 小田利勝「少子高齢社会におけるサードエイジとアクティブ・エイジング」『神戸大学発達科学部研究紀要』、2004
- 片桐恵子『退職シニアと社会参加』東京大学出版会、2012
- 神田文人・小林英夫編『昭和・平成　現代史年表』小学館、2009
- 公益財団法人医療科学研究所監修『人生の最終章を考える』法研、2015
- 厚生労働省『高齢社会白書』
- 阪本節郎『シニアマーケティングはなぜうまくいかないのか』日本経済新聞社、2016
- 佐藤眞一・高山緑『老いのこころ』有斐閣アルマ、2014
- 柴田博「日本応用老年学会の使命」『応用老年学』p.2-8、日本応用老年学会、2007
- 柴田博・長田久雄・杉澤秀博『老年学要論』建帛社、2007
- 柴田博『スーパー老人のヒミツは肉だけじゃない！』社会保険出版社、2016
- 鈴木隆雄『超高齢社会の基礎知識』講談社現代新書、2012
- 鈴木隆雄・衛藤隆編『からだの年齢辞典』朝倉書店、2008
- 電通シニアプロジェクト・斉藤徹編著『超高齢社会マーケティング』ダイヤモンド社、2014
- なかむらるみ『おじさん図鑑』小学館、2011
- なかむらるみ『おじさん追跡日記』文芸春秋、2013
- 西村淳『社会保障の基礎』東洋経済新報社、2016
- 日本応用老年学会編著『ジェロントロジー入門』社会保険出版社、2013
- 日野原重明・井村裕夫監修『看護のための最新医学講座』中山書店、2001
- 藤原佳典・小池高史『何歳まで働くべきか？』社会保険出版社、2016
- 堀内裕子「発見！いいもの・いいこと見つけてきました」『福祉介護』日本工業出版社、2008年～現在

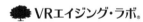

VRエイジング・ラボ®について

ビデオリサーチが、シニア市場の活性化を目指し、
社内外横断メンバーで立ち上げたシニア研究プロジェクトです。
老年学の専門家や
自身がシニア年代であるマーケティングコンサルタントが参画。
多彩なオピニオンリーダー的シニアが所属するＮＰＯ団体とも連携。
リアルなシニアをとらえマーケティング活動に活かすべく、
研究活動や講演・寄稿等の情報発信、
企業のシニアマーケティングへのコンサルティング業務を行っています。
日本応用老年学会会員。

●メンバー
株式会社ビデオリサーチ：對馬友美子、亀田憲、加治佐康代、塚原新一、
村田玲子、白岩佳子、峯俊洸大
シニアライフデザイン：堀内裕子
株式会社ＴＡＫＡＳＡＫＩ：高崎明男、庄野久、大島曜、剱持あやめ
●研究パートナー
株式会社ジェイアール東日本企画　jeki シニアラボ：緒方敦、土屋映子

著者紹介

對馬 友美子(つしま ゆみこ)

ひと研究所主席研究員

調査会社、外資系広告会社のストラテジックプランナーを経て、ビデオリサーチ入社。生活者研究、主にシニア層の動向や意識の把握と有効なアプローチの探索に携わり、企業の課題解決をサポートしている。

堀内 裕子(ほりうち ゆうこ)

シニアライフデザイン代表

桜美林大学老年学総合研究所連携研究員、日本応用老年学会事務局主席研究員、東京都健康長寿医療センター研究所協力研究員。シニアをテーマにしたコンサルティング・講演・執筆多数。

亀田 憲(かめだ けん)

ひと研究所所長

広告会社、事業会社、コンサルティングファームを経てビデオリサーチ入社。さまざまな立場での一貫したマーケティング経験をベースに、クライアントの課題発見、解決に努める。中小企業診断士。

加治佐 康代(かじさ やすよ)

ひと研究所代表

新卒でビデオリサーチ入社。広告会社担当営業を経て、調査分析部門にて商品・サービス・コミュニケーション開発等、さまざまな調査企画・分析を担当。2012年、生活者研究の専門部署を立ち上げる。

新シニア市場攻略のカギは
モラトリアムおじさんだ!

ビデオリサーチが提案するマーケティング新論Ⅱ

2017年2月9日　第1刷発行

編　著――――株式会社ビデオリサーチひと研究所
発行所――――ダイヤモンド社
〒150-8409　東京都渋谷区神宮前6-12-17
http://www.diamond.co.jp/
電話／03･5778･7235（編集）　03･5778･7240（販売）
装丁・本文デザイン――二ノ宮 匡（ニクスインク）
イラスト――――なかむらるみ
編集協力――――増澤健太郎、古井一匡
製作進行――――ダイヤモンド・グラフィック社
印刷――――信毎書籍印刷（本文）・慶昌堂印刷（カバー）
製本――――川島製本所
編集担当――――花岡則夫

ISBN 978-4-478-10198-8

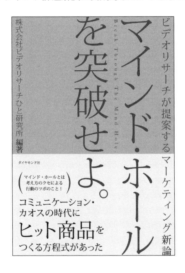